I0166331

QUESTIONS

DE

MORALE CONTEMPORAINE

QUESTIONS
DE
MORALE CONTEMPORAINE

PAR

le R. P. AT
Prêtre du Sacré-Cœur

TARBES
IMPRIMERIE CLÉMENT LARRIEU
41, rue des Grands-Fossés, 41

1892

La théologie morale, qui est la règle des actes humains, a cessé de diriger les mœurs contemporaines. On oppose, même chez les catholiques, le présent au passé, les faits accomplis aux principes; on justifie tout par l'opinion triomphante; au lieu d'obéir à la règle, on suit le train du monde. Il y a là une erreur, un désordre et un péril. La théologie morale, immobile dans son essence, variable dans ses applications, selon les temps et les lieux, est toujours obligatoire. Un certain nombre de questions, nées des circonstances, sont particulièrement intéressantes. Leur solution, méprisée par les uns, est ignorée par beaucoup d'autres : il importe de dissiper des illusions funestes. C'est le but de ce modeste travail. On a choisi la forme la plus élémentaire, par demandes et par réponses, sans développement d'aucune sorte. Aujourd'hui on ne lit plus les grands traités; on n'endure plus de larges expositions doctrinales en chaire; bon gré, mal gré, il faut revenir au catéchisme. C'est peu flatteur pour notre siècle.

QUESTIONS
DE
MORALE CONTEMPORAINE

On peut les distribuer en trois sections :
1° Questions économico-théologiques;
2° Questions domestico-théologiques;
3° Questions politico-théologiques.

SECTION I

Questions économico-théologiques

CHAPITRE I

DE LA BOURSE

Qu'est-ce que la Bourse?

La Bourse c'est le marché des valeurs mobilières, représentées par des titres écrits sur le papier. Ce mot exprime à la fois le lieu du marché, les personnes qui le tiennent et le marché lui-même.

Quelles sont les personnes qui composent le marché de la Bourse?

Ce sont les vendeurs, les acheteurs, et les intermédiaires, dont le rôle est de mettre les deux premiers en contact, pour faciliter leurs opérations. Ces intermédiaires sont les agents de change, les courtiers, les coulissiers.

Que sont les agents de change?

Ce sont des officiers ministériels, nommés par le chef de l'Etat, chargés de présider aux transactions qui s'opèrent en Bourse, et soumis à des lois qui préviennent les abus toujours possibles dans leurs délicates fonctions.

Qu'est-ce que le Parquet?

C'est la compagnie des agents de change pris en masse, comme un tribunal est l'ensemble des juges qui le composent.

Qu'est-ce que la Corbeille?

C'est un espace situé au milieu de la Bourse, où les agents de change peuvent seuls pénétrer pour traiter des affaires.

Qu'appelle-t-on coulissiers?

Ce sont des intermédiaires, qui suppléent les agents de change trop peu nombreux pour servir directement la clientèle, et exécutent les ordres des vendeurs et des acheteurs, moyennant une commission. Ils n'ont aucun caractère légal; ils ne sont soumis à aucun règlement gouvernemental ou professionnel.

Qu'est-ce que la Coulisse?

C'est la compagnie des coulissiers. Elle est ainsi nommée parce qu'elle a coutume de se tenir derrière une balustrade à coulisse destinée à protéger les agents de change. Elle s'appelle encore

Petite Bourse du Boulevard, parce que c'est là qu'elle se réunit le soir (1).

Quelles sont les principales opérations de Bourse?

Ce sont : 1° les operations *au comptant*; 2° les opérations *a terme* (fin courant, fin du mois). Les opérations *à terme* sont : 1° *fermes*, 2° *libres* ou *à prime*. Les opérations *à terme fixe* sont : 1° *reelles*. 2° *fictives*, 3° les *reports*.

Ces opérations se pratiquent selon trois modes, tantôt distincts, tantôt réunis, à savoir : 1° la *spéculation*, 2° le *jeu*, 3° l'*agiotage*.

Qu'est-ce qu'une opération au comptant?

Elle consiste à acheter une valeur qu'on paie immédiatement sur place.

Cette opération peut être commerciale ou non. Elle est commerciale, quand l'acquéreur de la valeur a l'intention de la revendre à un prix supérieur pour réaliser un bénéfice. Dans le cas contraire, c'est un simple placement d'une somme dont on devra retirer l'intérêt.

Qu'est-ce qu'une opération à terme?

C'est celle dont le règlement (paiement) n'a lieu qu'à une époque plus ou moins éloignée du jour de la négociation.

Qu est-ce qu'une opération à terme fixe?

C'est celle dont le règlement (paiement) est fixé à une date précise. En France, *la liquidation* est arrêtée au 15 courant ou à la fin du mois. La règle varie selon les pays.

(1) Deville, *Les opérations de la Bourse devant la conscience*. Ire partie, chap. VI.

Qu'est-ce qu'une opération à terme libre ou à prime?

C'est le contraire d'une opération ferme. Elle consiste à acheter des valeurs *à terme*, en réservant le droit d'exiger l'exécution du contrat à la liquidation, ou de le résilier, en abandonnant *la prime* au vendeur. *La prime* représente le prix du droit de résiliation que l'acquéreur achète.

Combien de sortes d'opérations à terme peut-on distinguer à un autre point de vue?

On distingue : 1° les opérations à terme *réelles*, 2° les opérations à terme *fictives*. Ces opérations sont dites *réelles*, lorsque l'acheteur a la faculté et l'intention de payer, et que le vendeur a la faculté et l'intention de livrer les valeurs négociées au jour de la liquidation.

Ces mêmes opérations sont dites *fictives* lorsque les contractants ne se proposent pas d'acquérir et de livrer des titres existants ou non existants, et qu'ils ne s'engagent qu'à payer la différence entre le prix courant de la rente et le prix au jour de la liquidation. C'est là à proprement parler le jeu de Bourse; des deux partenaires, l'un joue *à la hausse*, l'autre *à la baisse*; si d'un côté il n'y a pas de titres, si de l'autre il n'y a pas d'argent, ou si de chaque côté il manque l'intention d'exécuter l'engagement, on joue à *découvert*.

Qu'est-ce qu'un report en Bourse?

Ce mot se prend dans des sens très divers, selon qu'il désigne telle ou telle opération financière. Dans l'acception la plus ordinaire, et dont les autres ne sont que des combinaisons, le report est la prorogation à une date ultérieure d'une liquidation arrêtée pour une date fixe, lorsque l'acquéreur d'une valeur *à terme* ne peut pas ou ne veut pas se libérer, soit parce que les oscillations de la rente ont trompé ses espérances, soit pour tout autre motif. Cette prorogation, ou report, peut être répétée du consentement des contractants. L'acheteur acquiert ce droit, tout à son profit, moyennant une somme d'argent qui est déterminée par le cours des valeurs. C'est ce qu'on appelle *la réponse des primes.*

Y a-t-il des différences substantielles entre la spéculation, le jeu et l agiotage?

Oui, quoique dans bien des cas il ne soit pas facile de les marquer avec précision.

Qu'est-ce que la spéculation en Bourse?

Certains auteurs, qui la traitent avec un trop grand respect peut-être, y voient une des formes du travail humain, et non pas la moins élevée. C'est l'application des facultés de l'esprit, qui souvent sont le génie même, aux problèmes de l'ordre financier; ce qui suppose l'étude sérieuse d'une situation, la prévision des causes, prochaines ou éloignées, capables d'exercer une influence sur le marché des valeurs, et d'en amener la hausse ou la baisse, enfin des opérations conformes à ces données de la réflexion, pour éviter des pertes et réaliser des bénéfices. Il y a du vrai dans ce tableau.

Qu'est-ce que le jeu de Bourse?

C'est l'art de réaliser des bénéfices, qui ne coûtent ni travail de réflexion, ni talent, ni découverte, et dont le facteur principal est le hasard.

Le hasard n'est-il pas un élément de toute spéculation?

Il en est inséparable, parce que la spéculation opère sur l'inconnu. Mais la réflexion réduit au minimum les chances du hasard, pour se rapprocher de la plus grande probabilité, qui n'est jamais une certitude.

Où est donc la différence entre la spéculation et le jeu de Bourse?

Dans la spéculation, le hasard est l'accessoire; dans le jeu il est le principal. — On pourrait définir la spéculation : le jeu grave, savant, consciencieux, et le jeu : la spéculation téméraire, insensée.

Qu'est-ce que l'agiotage?

Ce mot, qui se prend toujours dans le mauvais sens, désigne l'ensemble des manœuvres malhonnêtes employées pour réaliser des bénéfices illégitimes.

Quel jugement faut-il porter sur la Bourse au point de vue économique?

Les écoles disputent sur ce point. Toutes admettent les avantages de cette institution, qui favorise les transactions, en les développant sur une vaste échelle, qui rend possible des entreprises gigantesques, en créant le crédit public, où les particuliers, les sociétés et les gouvernements eux-mêmes vont puiser, et où ils trouvent un fond inépuisable. Les écoles catholiques reconnaissent les grands inconvénients qu'elle présente; mais l'école intégrale (1) les sent plus vivement que l'école libérale (2); la première combat le crédit public, tel qu'il est organisé dans la société moderne; la seconde ne veut pas qu'on y touche pour divers motifs (3).

Quel jugement faut-il porter sur la Bourse au point de vue moral?

Malgré les dangers qu'elle offre sous le rapport économique, on peut dire que la Bourse, *per se loquendo*, n'est pas une institution intrinsèquement mauvaise, si elle est entourée de sages lois, et que

(1) *L'Association catholique*, Revue de M. de Mun.

(2) *Le Correspondant* et les Revues similaires.

(3) D'Aguesseau jugeait sévèrement ce qu'il appelait « l'agiotage du papier. » En énumérant tous ses dangers, il ajoutait : « Il a encore ce grand inconvénient que, par un faux genre de « commerce, il diminue et affaiblit le véritable Comme il ne « faut pour y réussir ni talent, ni habileté dans les arts ou dans « le commerce, ni *travail*, ni application pénible, ni même de la « bonne foi, et qu'il suffit d'avoir une malheureuse manœuvre « d'usurier, qui consiste à se jouer de l'opinion des hommes, et « à tirer une espèce de tribut de leur imprudence et de leur cré- « dulité, tous ceux qu'on regarde comme le rebut du commerce « honorable, et qui n'auraient aucun crédit s'ils s'en mêlaient, « ni aucun moyen de s'y avancer, viennent fondre de tout côté « dans ce commerce honteux, et la fortune du public est livrée « à tout ce qu'il y a de plus méprisable, ou dans le negoce, ou « dans les arts, ou dans la finance et dans les affaires La rapi- « dité des fortunes prodigieuses qu ils font, débauche ceux mêmes « qui pourraient s'enrichir par d'autres voies plus honorables » (*Principes particuliers sur le commerce de ce qu'on appelle le papier et l'agiotage.*) — Le tableau paraîtra exagéré à nos contemporains Nous avons marché depuis le grand chancelier.

les lois soient observées, il n'y a pas de raison de la condamner absolument. On peut donc prendre part à des opérations de Bourse honnêtement pratiquées.

Est-il facile, en pareille matière, de prévenir ou de réprimer les abus qui s'y glissent par le fait des passions humaines?

C'est presque impossible, en pratique, de séparer ici les abus de l'institution (1).

Quelle peut être l'action des lois contre de semblables abus?

L'action des lois existantes ou à faire est presque nulle (2).

(1) « Il est presque impossible d'y réussir sans se servir des « voies dont on a montré précisément l'injustice, c'est-à-dire « sans augmenter le besoin commun des hommes, en se rendant « maître d'une portion considérable de la marchandise, et en « commettant une espèce de monopole sur le papier, ou sans « changer au moins l'idée ou l'opinion que les hommes en doi- « vent avoir, par de mauvais bruits, par des impressions fausses, « par des craintes ou par des espérances imaginaires..... Le prin- « cipe du gain de l'agioteur n'est donc que l'illusion qu'il fait aux « autres; et plus le gain qu'il fonde sur une telle chimère est « réel, plus il est injuste » (D'Aguesseau, *ibidem.*)

« Des éléments factices se mêlent à ces transactions; et il ne « faut pas se dissimuler le développement qu'ont dans toutes les « grandes places du commerce les marchés fictifs et l'agiotage. » (Claudio Jannet, *Le Correspondant*, janv., mars 1891.)

(2) « Il y a des lois dans les autres commerces qui ont prévenu, « au moins en partie, l'abus que la cupidité humaine sait faire de « l'union des qualités de vendeur et d'acheteur . .. Mais il n'y a pas « de lois semblables pour empêcher l'agiotage du papier. Il n'est pas « même possible d'imiter en cette matiere la sagesse de ces lois : « la nature de ce commerce y résiste. » (D'Aguesseau, *ibidem.*)

Que signifie donc la distinction établie entre la Bourse considérée en elle-même, et la Bourse considérée dans les conditions à peu près inévitables où se font ses opérations?

Cette distinction est utile au point de vue scien-

« Il y a là tout un ordre d'escroqueries en grand qui « échappent à l'action répressive de la loi, et qui donnent à la « société moderne un fâcheux aspect..... Il faut bien se convain« cre qu'aucune loi ne peut réprimer ces abus, parce qu'aucune « définition légale ne peut distinguer la transaction légitime et « sérieuse de l'opération fictive et frauduleuse. » (Claudio Jannet, « *ibidem*)

Le code pénal, art. 419-422, a prévu les cas d'accaparement ou de fausses nouvelles. Mais ces articles ne sont pas appliqués soit que la preuve ne puisse pas être faite, soit que l'opinion du jury les rende inapplicables. (*Ibidem*)

On ne s'abandonne pas partout à la même désespérance, et on tente l'effort réformateur en 1888. Le Canada a rendu des lois contre les *marchés à découvert*. Sont punis d'un emprisonnement de cinq ans et d'une amende les délits suivants : 1° tout contrat de vente ou d'achat des titres d une société ou d'une marchandise, dans le but de réaliser un bénéfice sur la hausse ou sur la baisse de la cote, sans intention véritable d'acquérir ces titres ou ces marchandises; 2° tout contrat de vente de titres ou de marchandises, dans le but de profiter de la hausse ou de la baisse des cours, sans qu'il y ait livraison effective et intention de livraison effective de la marchandise achetée ou vendue; 3° les intermédiaires sont soumis aux mêmes peines que les principaux intéressés; 4° les bureaux d'agiotage sont interdits à l'égal des maisons de jeu. Les participants sont poursuivis selon les lois, et le matériel confisqué.

Quoi qu'il en soit des résultats, un peuple s'honore en travaillant à rétablir dans les transactions financieres et commerciales les pratiques de la morale et de l'honneur. (*L'Univers*, 16 août 1888.)

tifique, pour l'analyse des idées : pratiquement elle ne mène pas à grand'chose. Aujourd'hui la Bourse, en tant qu'elle est le marché des valeurs mobilières, et susceptible, comme telle, d'être honnêtement pratiquée, est une entité scolastique, un pur concept sans réalité, au moins en général. Néanmoins, la distinction établie plus haut peut rassurer les rares spéculateurs consciencieux, s'il en existe, qui se livrent à des opérations de Bourse, ou par nécessité, ou dans le but avouable de gagner de l'argent.

Que faut-il penser des différents modes d'opérer en Bourse, en particulier de la spéculation ?

La spéculation, telle qu'elle a été décrite plus haut, est dans la nature de l'homme en société; elle est l'application de ses facultés aux affaires : penser, c'est speculer ; rien n'est plus légitime. De plus, la spéculation est nécessaire pour les transactions humaines, si la vie est dans le mouvement, le mouvement a pour principe la spéculation. Mais la spéculation est soumise à deux lois, qui sont : l'honnêteté et la prudence. Pour ce motif, il faut éviter de comparer la speculation en Bourse, qui opère sur les valeurs mobilières représentées par du papier, avec la spéculation commerciale et industrielle, qui opère sur des biens fonds ou sur des matières fongibles et réelles. Outre que l'honnêteté est plus difficile à la spéculation en Bourse, les risques qu'elle court de perdre sa fortune sont plus considérables. Il n'y a pas de spéculation sans aléa, l'aléa est dans les variations toujours possibles des valeurs ou du prix des objets négociables. Or, ces variations sont mille fois plus fréquentes à la Bourse que dans le commerce et l'industrie. La terre est exposée à des trépidations imprévues ; la mer ne cesse jamais de changer d'état. D'après ces principes, il faut dire que la spéculation est permise quelquefois, et qu'elle est dangereuse toujours ; elle est permise, quand elle est honnêtement pratiquée ; elle devient illicite quand elle n'est pas accompagnée de prudence. C'est pourquoi les mêmes théologiens qui la déclarent légitime *positis ponendis*, se hâtent d'ajouter qu'il faut en détourner les hommes, au moins par persuasion, s'il l'on ne peut pas user des moyens de prohibition. L'expérience de chaque jour démontre la sagesse de cette conduite (1).

Que faut-il penser du jeu de Bourse?

Les théologiens traitant du jeu en général le déclarent licite, quand il est revêtu d'un certain nombre de conditions requises (2). Mais le jeu de Bourse n'a du jeu que le nom ; car le jeu a pour but la récréation de l'esprit, et exclut la passion du gain, au moins pour des sommes importantes. Tel n'est pas le génie du jeu de Bourse, qui suppose la passion effrénée de l'argent, sans autre plaisir que celui de le réaliser. C'est pourquoi les théologiens l'appellent un pari, qui est aussi un contrat aléatoire.

Tous enseignent que le jeu de Bourse ainsi défini n'est pas *per se* contraire à la justice com-

(1) *Casus Conscientiæ*, vol. II. casus VI, pag. 279.

(2) Scavini, *Theol. mor.*, vol. II, pag. 554. — Gury, *Casus conscientiæ*, vol I, pag. 650.

mutative, ou au *do ut des*, moyennant un certain nombre de conditions.

Quelles sont les conditions requises pour que le jeu de Bourse soit conforme aux règles de la justice?

1° L'objet ou la matière du jeu doit être une chose douteuse; 2° l'incertitude doit être égale pour les deux parties; 3° l'événement qui décidera du gain ou de la perte doit être douteux; 4° les deux parties contractantes doivent être en mesure de tenir leurs engagements; 5° il faut un motif raisonnable de courir la chance (1).

Ces conditions sont-elles ordinairement réalisées dans le jeu de Bourse tel qu'il se pratique de nos jours?

Jamais ou presque jamais.

Quels sont les moyens les plus ordinaires usités pour fausser les opérations de Bourse, et rompre l'égalité qui doit exister pour tous les intéressés dans les chances a courir?

Ce sont : 1° les accaparements de titres ou les monopoles entre les mains d'un petit nombre de spéculateurs; 2° les fausses nouvelles capables d'impressionner le marché; 3° la connaissance d'événements prochains ou éloignés, de nature à perturber les fonds publics; 4° les abus de confiance de la part des officiers qui président aux opérations de la Bourse.

Les accaparements ou monopoles sont le fait de

(1) Scavini, *ibidem.* — Gury, *ibidem*, pag. 647. — *Casus conscientiæ*, vol. II, casus VI, *de speculatore Bursæ*, pag. 278. — Lehmkuhl, *Theol. mor*, vol. I, pag. 721.

puissants capitalistes, individus ou sociétés, qui peuvent amener la hausse ou la baisse à volonté, et mettent le public à leur merci. — Les fausses nouvelles sont principalement le péché des journalistes, aidés dans cette triste besogne par d'autres compères, qui sont aux gages des spéculateurs sans vergogne, et pour de honteux salaires recommandent des valeurs sans valeur, lancent des entreprises risquées, et annoncent des événements qui n'arrivent pas, mais dont la crainte détermine des ventes, qui déprécient les fonds, au grand profit de ceux qui sont dans le secret. —La connaissance certaine d'événements imprévus appartient aux hommes d'État et à leurs confidents ; ils sont d'autant plus sûrs, que les événements dépendent souvent de leur volonté ; quand ils ne les produisent pas, ils les connaissent, et ils peuvent les escompter à l'avance.— Les abus de confiance, tels que les indiscrétions coupables, les complicités occultes, se rencontrent chez les agents de change, les courtiers et les coulissiers, qui, devenus les conseillers et les confidents de tous les spéculateurs, peuvent les tromper tous, en esquivant avec habileté les pénalités dont la loi frappe leurs transgressions. Comment leur fragile vertu résisterait-elle aux appâts des promesses, si elle ne s'appuie pas sur la conscience? La conscience n'est pas cotée en Bourse.

Que faut-il penser de l'agiotage?

Nous venons d'énumérer ses principales manœuvres en désignant les voies suivies par les spéculateurs de mauvais aloi pour fausser le marché. Il est évident que l'agiotage est digne de réprobation et de mépris, comme contraire à la justice et à l'honneur (1).

D'après ces principes généraux, il est facile d'apprécier les opérations de Bourse en détail.

Que dites-vous des opérations au comptant, *quand elles ne sont accompagnées d'aucun esprit de négoce?*

Ces opérations sont absolument correctes au for intérieur comme au for extérieur, si d'ailleurs les règles de la justice commutative sont observées.

Que dites-vous des opérations au comptant *faites dans un esprit de négoce, c'est-à-dire achetées pour être revendues avec bénéfice?*

A ne considérer que la justice commutative, elles sont légitimes, si aucune fraude n'altère la pureté du contrat de vente-achat. Seulement la pratique est dangereuse par sa nature même, à cause du milieu où elle s'exerce. Ici il y a un commencement de spéculation. Il faut se souvenir de ce que nous avons dit de la spéculation en général (2).

Que dites-vous des opérations à terme?

Comme les précédentes elles peuvent être légitimes, c'est-à-dire conformes à la justice commutative, *positis ponendis.* Mais elles offrent des dangers plus graves au point de vue moral et social, parce qu'elles sont plus faciles, et qu'elles ouvrent un vaste champ aux convoitises d'un plus grand nombre d'individus.

Ceci s'applique aux opérations *à terme fixe* ou *à*

(1) Lehmkuhl, *Theol. mor.*, vol. I, pag. 721.

(2) *Casus conscientiæ*, casus VI, pag. 275.

terme libre. La dernière constitue le *marché à prime*; la prime doit être proportionnée au prix des valeurs déterminé par l'offre et la demande (1).

Peut-on en dire autant des opérations à terme quand elles sont fictives, c'est-à-dire quand elles n'ont d'autre objet que les différences, et qu'elles sont un pari, non pas une vente?

Oui sans doute, en rigueur de principe. Mais il ne faut pas oublier que ces opérations sont celles qui offrent le plus d'inconvénient au point de vue moral et social, parce qu'elles sont à proprement parler le jeu de Bourse, pour lequel les théologiens et les esprits sérieux réservent toutes leurs sévérités (2).

Quel jugement faut-il porter sur les reports en Bourse? sont-ils entachés d'usure?

Il faut d'abord considérer que la même question se pose pour toute vente *à terme*; car le prix de la valeur *à terme* est toujours supérieur à celui de la valeur *au comptant*. Cette différence est justifiée par la coutume, qui a sa raison dans l'estimation commune, selon laquelle la vente à crédit aug-

(1) Lehmkuhl, *ibidem*.
Casus conscientiæ, casus VI, pag. 277.
Gury : *de Sponsione*. vol. I, pag. 647.
(2) Lehmkuhl, *ibidem*.
Casus conscientiæ, casus VI, *ibidem*.
Longtemps le Code civil a équiparé les dettes du jeu de Bourse aux dettes du jeu, pour lesquelles il refusait toute action légale au créancier (art. 1966). En 1870, le parlement a modifié la loi en donnant action au créancier comme pour une dette ordinaire. Les nations de l'Europe nous avaient devancés sur ce point.

mente la valeur des choses, en augmentant le nombre des acheteurs (1).

Pour les reports proprement dits, les théologiens sont divisés : l'opinion la plus probable est pour la légitimité de ces opérations.

Pour défendre ce sentiment, les uns voient dans le report un second contrat, ou une revente; d'où ils concluent que le profit du reporteur n'est pas *ex mutuo*, ce qui lui enlève son caractère usuraire. Les autres y voient un prêt à intérêt, qu'ils justifient comme tout autre prêt par le *periculum sortis*, qui va grandissant à mesure que le temps s'ajoute au temps pour reculer l'échéance, et par le *lucrum cessans*, la rapidité des opérations en Bourse rendant facile la fécondation d'un capital. Les auteurs jugent sur le cas le plus ordinaire des reports. Si des combinaisons machiavéliques, comme il s'en rencontre souvent à la Bourse, changeaient l'espèce, la solution devrait être modifiée (2).

En règle générale, l'usure est-elle pratiquée dans les opérations financières de notre époque?

Des écrivains catholiques soutiennent que l'usure fut justement condamnée au moyen âge; mais que les changements intervenus dans les affaires humaines ont donné d'autres formes au prêt; que ces formes sont devenues la base d'un ordre économique nouveau, dont la science démontre la légitimité (3). Tout n'est pas faux dans cet aperçu d'un

(1) S. Alph. Ligorius, lib. III, n° 811.

(2) *Casus conscientiæ*, casus VI, pag. 280.

Gury, *Casus conscientiæ*, tom I, n° 946.

Deville, *Les opérations de la Bourse*, 1re part., chap. V.

(3) Claudio Jannet, *Correspondant*, *ibidem*.

maître dans l'espèce : on y sent néanmoins circuler un certain libéralisme qui a besoin d'être contenu. Cette opinion est peu conforme à l'enseignement de l'Encyclique *Rerum novarum*, qui déclare que « l'usure vorace *(usura vorax)*, » condamnée par l'Eglise, est encore exercée sous une autre forme.

N'y a-t-il pas une contradiction entre la doctrine séculaire de l'Eglise sur l'usure, et les tolérances, voire les approbations qu'elle accorde aux pratiques de l'économie moderne?

La contradiction n'est qu'apparente. Les auteurs sont d'accord pour enseigner que le nouveau contrat du prêt à intérêt est différent du contrat *ex mutuo stricto, et sensu ecclesiastico*, qui est le seul condamné. Quand il faut donner un nom à ce contrat d'un genre particulier, ils disputent. Les uns l'appellent un contrat de louage de l'argent, parce qu'ils admettent que l'argent n'est pas stérile *per se*, et qu'on ne saurait le ranger parmi les choses fongibles, qui s'usent par l'usage. Les autres, avec Lehmkuhl, disent qu'aujourd'hui il y a toujours un titre extrinsèque au prêt qui est le *lucrum cessans* : ils invoquent le contrat de louage, non pas de l'argent, mais de sa valeur. D'autres enfin s'attachent à un contrat innommé, en vertu duquel le prêteur d'une somme d'argent ou de toute autre chose fongible, sans prétendre à un intérêt *vi mutui*, vend à un juste prix le droit d'usage qu'il cède pour un temps. Ceci est loin d'être clair. On peut suivre cette controverse dans les traités spéciaux. On en trouve un excellent résumé dans les *Casus conscientiæ* déjà souvent cités ici (1).

Que faut-il penser des gains réalisés par la spéculation proprement dite, par le jeu et l'agiotage?

Les gains réalisés honnêtement peuvent être gardés en conscience : les gains de la spéculation et même du jeu sont souvent dans ce cas. Ceux qu'on obtient par les manœuvres déloyales énumérées plus haut sont des vols déguisés sous des formes nouvelles.

Dans cette dernière hypothèse, les gains sont-ils soumis à la restitution?

Sans aucun doute.

Les gains réalisés honnêtement, c'est-à-dire sans manœuvre deloyale, sont-ils par la-même légitimes?

Si par ce mot on veut dire honorables, il faut répondre négativement; car les mêmes théologiens qui ne les réputent pas contraires à la justice, les appellent honteux sous un autre rapport, soit qu'ils proviennent du trafic des valeurs, soit qu'ils aient été obtenus par le jeu proprement dit. Il n'y a qu'une manière honorable de s'enrichir, quand d'ailleurs on est outillé pour le succès : c'est le travail. Le travail, ce n'est pas que l'intelligence mise en exercice; c'est encore, c'est surtout la peine de l'esprit et du corps; c'est la patience ; c'est la persévérance : la richesse, quand Dieu le bénit, est sa gloire et sa récompense. Quoique la réflexion soit un travail, puisque le Sage l'appelle

(1) Vol. II, casus v, pag. 253 et 5199. — M. Bacuez de Saint-Sulpice vient de publier sur ce sujet un traité hardi.

« l'affliction de l'esprit » il y a une manière de spéculation qu'on ne saurait appeler un travail, dans l'acception la plus élevée du mot, sans faire violence au mot et à la chose, malgré les combinaisons profondes auxquelles se livre le spéculateur, et l'effort ardent et cruel qu'il déploie pour réussir. La noblesse du travail, qui peut être augmentée par l'intention et le désintéressement, se tire de ses résultats. Pratiqué conformément à la raison et à la foi, il profite à tous ceux qui y participent, dans des mesures inégales sans doute, mais suffisantes à l'existence. La spéculation et le jeu sont un champ de bataille, où l'un ne gagne qu'autant que l'autre perd : il y a toujours des vaincus et des vainqueurs. Quand la concurrence sans justice et sans charité s'établit entre des industries rivales, les fruits du travail ne se distribuent pas assez équitablement : les uns ont trop, les autres pas assez. Alors le travail n'est pas ce que Dieu l'a fait; la cupidité le fausse. A la Bourse, la spéculation et le jeu amènent des résultats pires : le gagnant a tout : le perdant n'a rien. Le travail, quand le succès l'accompagne, crée des fortunes respectables, qui sont lentes mais sûres. A la Bourse, les fortunes sont improvisées et scandaleuses ; elles sont l'orgueil des uns, le désespoir des autres, la tentation de tous; heureusement elles sont éphémères; leur écroulement sauve le genre humain de la folie chaque matin.

Le jeu de Bourse n'est pas moins immoral que le jeu de hasard, défendu par les lois des nations autant que par le Décalogue. Le jeu de Bourse est aussi illicite que le duel, parce que des deux côtés il y a un péril qu'il n'est permis à personne de braver; ici on joue sa vie, là sa fortune. Dans le duel, pratiqué selon les lois de l'honneur, si l'adresse n'est pas égale chez les deux adversaires, les armes sont les mêmes. Dans le jeu de Bourse cette condition manque ordinairement : entre les grands financiers et les petits porteurs de rente, les inégalités sont énormes : c'est un combat entre un canon et un pistolet. Aucune pratique n'est honnête quand elle tourne à la ruine des intérêts privés et publics. Malgré les utilités incontestables de la Bourse, elle ne saurait être rangée parmi les institutions heureuses, car ses inconvénients sont encore plus considérables, comme l'expérience de chaque jour le démontre.

Le fait que les opérations de Bourse sont aujourd'hui universellement pratiquées, les rend-elles légitimes?

L'universalité du mal ne change pas son caractère; on n'a pas le droit de mal faire, parce que tout le monde fait mal.

Comment faut-il traiter les spéculateurs, les joueurs, les agioteurs, au tribunal de la pénitence?

Il faut refuser l'absolution à ceux qui se livrent à l'agiotage, s'ils ne renoncent pas à leur infame métier, et s'ils ne réparent pas autant que possible les dommages qu'ils ont causés à des tiers. Il faut tenir la même conduite envers les joueurs effrénés, qui engagent des sommes fortes, qu'ils ont ou qu'ils n'ont pas, alors même qu'ils se comportent en gens d'honneur. Pour ceux qui restent dans les limites de la spéculation modérée, quoique la conduite ne soit pas louable, « on ne doit pas les inquiéter, » pourvu qu'ils soient disposés à se soumettre aux décisions du Saint-Siège, si jamais elles étaient rendues. L'universalité des opérations de Bourse dans les temps modernes, le caractère légal dont elles sont revêtues, l'obscurcissement des idées, voisin de l'ignorance, en matière de morale, l'absence d'esprit philosophique, qui aiderait nos contemporains à saisir le dérèglement et les dangers de semblables habitudes, l'affaiblissement de l'esprit chrétien qui supplée si avantageusement la science, toutes ces circonstances peuvent créer une certaine bonne foi, sinon chez tous, au moins dans la masse des spéculateurs, et devenir une excuse suffisante pour l'admission aux sacrements.

Les principes de l'économie moderne ne placent-ils pas les catholiques timorés dans une certaine infériorité vis-à-vis des gens moins scrupuleux dans la lutte pour la vie?

Peut-être. Le cas se présente pour eux ailleurs qu'à la Bourse. Il n'a jamais été résolu théologiquement par des capitulations que la conscience réprouve. Dans ces situations pénibles, qui sont presque l'état normal aux époques de décadence, il faut obéir à la loi de Dieu plutôt qu'à l'opinion et à la mode : *virtus ante nummos.*

CHAPITRE II

DES SOCIÉTÉS

Qest-ce qu'une société ?

Une société est un contrat par lequel deux ou plusieurs personnes conviennent de mettre quelque chose en commun, dans la vue de partager le bénéfice qui pourra en résulter (1).

Ce même terme désigne encore l'ensemble des personnes qui sont liées par le contrat.

Quelles sont les différentes espèces de sociétés?

Les sociétés sont commerciales ou civiles. Les premières ont pour but de faire habituellement des actes de commerce. Les secondes ne sont pas dans le même cas. La nature de la société dépend du but qu'elle se propose.

Les sociétés commerciales forment une *personne morale* avec toutes les conséquences que ce caractère entraîne au point de vue de la responsabilité.

Les sociétés civiles sont composées d'individus à responsabilité limitée, c'est-à-dire pour leur part et portion.

Combien distingue-t-on de sociétés civiles ?

On distingue les sociétés *universelles* et les sociétés *particulières* (2).

(1) Code civil, art. 1832.
(2) *Ibidem*, art. 1835.

Les sociétés *universelles* sont de deux sortes : la société de tous biens présents, et la société de gains (1).

Les sociétés *particulières* sont celles qui ne s'appliquent qu'à certaines choses déterminées, ou à leur usage, ou aux fruits à percevoir, ou encore à une entreprise désignée, et à l'exercice de quelque métier ou profession (2).

Quelles sont les principales sociétés de commerce?

La loi reconnait trois espèces de société de commerce : la société *en nom collectif,* qui a pour objet de faire le commerce sous une raison sociale ; la société *anonyme*, qui existe sans un nom social, et n'est qu'une association de capitaux ; la société *mixte* ou en *commandite*, composée d'associés responsables et solidaires, et d'associés simples bailleurs de fonds, que l'on nomme commanditaires. Cette société est régie par une raison sociale comme la société *en nom collectif* (3).

Qu'entend-on par raison sociale?

C'est le nom et la signature collective de la société ; elle représente la compétence et la responsabilité.

Qu'est-ce que le capital social?

C'est l'avoir de la société, composé des mises des associés.

Qu'est-ce qu'une action?

C'est la part d'un associé dans les sociétés ano-

(1) *Ibidem*, art. 1836

(2) Code civil, art. 1841, 1842.

(3) Code de commerce, art. 19, 20. 23, 29, 30.

nymes ou en commandite par action. Le titre qui représente le droit de l'associé s'appelle encore *action*.

Le porteur est le propriétaire de *l'action* ou l'actionnaire.

L'action est dite *nominative* quand elle est au nom de celui qui la possède.

L'action est dite *au porteur* quand elle est anonyme, et qu'elle circule de main en main par voie d'échange commerciale : c'est une monnaie de papier.

L'action libérée est celle dont le capital est versé à la caisse de la société. L'action est dite *libérée*, au quart, de moitié, totalement.

Qu'est-ce qu'une obligation ?

C'est le titre qui représente le capital prêté sans responsabilité à une société ; ce capital porte intérêt et est remboursable dans un temps déterminé.

Les porteurs de ces titres sont dits *obligataires*.

Qu'est-ce que le dividende ?

C'est la somme des bénéfices périodiques réalisés par une société, et distribués aux associés au prorata de leurs mises de fonds.

Qu'est-ce qu'un coupon de rente ?

C'est le bulletin annexé aux titres au porteur, et indiquant l'époque du paiement des arrérages. *Détacher le coupon* signifie toucher son revenu, qu'il s'agisse d'actions ou d'obligations. Le coupon n'existe que pour les titres au porteur ; les titres nominatifs doivent être présentés eux-mêmes. Cependant on a créé les titres mixtes, c'est-à-dire pourvus de coupons, quoique nominatifs.

Que faut il penser des sociétés en général?

Les sociétés civiles ou commerciales, sous toutes les formes, sont légitimes. Elles sont dans la nature, car elles correspondent aux aspirations et aux besoins de l'homme. Isolé, l'homme est une grande faiblesse; associé, il est une puissance de premier ordre. Les sociétés rendent possibles des entreprises qui sont au-dessus des ressources intellectuelles, morales et financières des particuliers, et qui surpassent souvent celles de l'Etat lui-même. Ce sont les sociétes qui, dans tous les siècles, surtout dans les temps modernes, ont mené à bonne fin des œuvres magnifiques et fécondes, qui ont profité à tout le genre humain.

Quelles sont les règles qui rendent les sociétés légitimes?

1° Elles doivent être conformes à la loi; 2° n'avoir pas un but immoral; 3° être fondées et administrées honnêtement.

Les formalités de la loi touchant les sociétés obligent-elles en conscience?

Elles n'obligent qu'au for extérieur, sous peine pour les sociétés d'être comme si elles n'existaient pas, et pour les associés d'être destitués de toute action en revendication devant le juge, quand ils se croient lésés. La transgression des formalités de la loi expose ses auteurs aux poursuites du juge; mais on peut ranger cette loi parmi les lois purement pénales.

Les sociétés privées, qui reposent sur les conventions personnelles, sont légitimes comme telles et ne créent que des obligations de conscience.

Puisque la loi n'autorise que des sociétés dont le but n'est pas immoral, peut-on conclure qu'une société conforme aux prescriptions de la loi est toujours morale et par conséquent legitime?

Ici le législateur est toujours moins exigeant que la conscience. Selon les époques, il pousse plus ou moins loin la tolérance, parce qu'il s'inspire plus souvent de la raison d'Etat, c'est-à-dire de la direction des idées courantes, que des principes de la morale naturelle, moins encore de ceux de la morale chrétienne.

Existe-t-il de nos jours des sociétés qui sont en règle devant la loi, et que les théologiens réputent immorales?

Elles foisonnent.

Pourriez-vous donner quelques exemples?

Il faut ranger sous cette rubrique toutes les sociétés par actions, anonymes ou en commandite, qui ont pour objet l'exploitation des maisons de jeu, des théâtres, des cafés-chantants, des librairies dont la spécialité presque exclusive est la vente des mauvais livres. On peut ajouter à cette liste déjà longue des entreprises moins odieuses en apparence et non moins funestes, telles que les journaux et les Revues, organes plus ou moins avancés des doctrines révolutionnaires et irréligieuses, et les produits d'un art licencieux, qui achève par le crayon, le ciseau, ou le pinceau, l'œuvre de corruption commencée par la parole et l'écriture.

Ces sociétés doivent-elles leur prospérité aux protestants, aux juifs et aux révolutionnaires de profession?

Beaucoup de catholiques, même parmi les pratiquants, ne craignent pas de coopérer par l'achat des actions à ces industries d'iniquité.

Sont-ils excusables ?

L'affaiblissement du sens chrétien explique leurs defaillances. Ce sont de chauds partisans du libéralisme des mœurs; l'ignorance est leur seule excuse : elle n'est pas honorable ; pas même excusante, au moins pour tous.

Quels sont les moyens les plus usités pour fausser le jeu normal des sociétés civiles ou commerciales, et en violant avec plus ou moins d'habileté, les principes de la justice commutative, remplir le monde de dupes et de victimes ?

Il est difficile d'enumérer toutes les inventions du machiavélisme commercial et industriel, voici cependant les plus ordinaires.

On fonde des sociétés sans un but sérieux et offrant quelques chances de succès. On choisit un titre ronflant et alléchant ; on le fait valoir devant le public, toujours sensible à l'appât du gain, et crédule à l'excès, même au lendemain des déconvenues les plus cruelles. On va chercher parmi les notabilités de la finance, dans les rangs des sénateurs et des députés, des complaisants peu désintéressés. qui consentent à entrer dans le conseil d'administration, moyennant des jetons de présence, avec tous leurs titres et toutes leurs décorations, qui font merveille en tête des prospectus-réclames Première malhonnêteté.

A l'émission des actions, ceux qui ont lancé l'affaire, s'adjugent des parts de fondateurs aussi léonines que possible. Si l'entreprise est bonne, ils le savent souvent, la hausse des actions se détermine vite sur le marché et ils réalisent de beaux bénéfices. Si l'entreprise est mauvaise, mieux renseignés que d'autres, ils amènent une hausse factice, qu'ils font durer assez longtemps, pour opérer dans l'ombre, et vendre leurs actions à des prix très rémunérateurs jusqu'à la veille de la débâcle. — Pour aller plus vite en besogne, ils ne reculent pas devant les suprêmes indélicatesses, en achetant eux-mêmes leurs propres actions, au mépris des prescriptions de la loi et des dictées les plus élémentaires de la conscience et de l'honneur. On a vu des sociétés financières, qui se respectaient d'ailleurs, se justifier devant le juge et devant l'opinion de cette accusation en invoquant la pratique universelle. A la vérité, on ne conçoit pas aisément que ce qui est toléré chez tous soit puni avec rigueur chez un seul. Cette manière de justice distributive est loin d'être correcte. Mais en plaignant les victimes de l'arbitraire, que penser d'un temps où personne n'est honnête, pas même les honnêtes gens? — Seconde malhonnêteté.

Pour prolonger l'illusion, les administrateurs de la société distribuent des dividendes fictifs, avec le capital social, malgré les prohibitions de la loi, qui est ici d'accord avec le Décalogue. — Troisième malhonnêteté.

A la liquidation, ils présentent des comptes dans lesquels ils justifient l'emploi des fonds, en majorant les dépenses à l'aide de factures et d'acquits obtenus par connivence, ou achetés au prix de l'or. Des scandales récents nous ont fait assister à ces alignements de chiffres, qui provoqueraient un immense éclat de rire, si dans ces chiffres il n'y avait pas les larmes et le sang de tant de victimes. — Quatrième malhonnêteté.

Quand les financiers véreux paraissent devant les tribunaux, s'ils n'en sortent pas quittes, c'est pour s'entendre condamner à des amendes et à des peines sans proportion avec leurs crimes. — Cinquième malhonnêteté. Celle-ci est à partager entre les prévenus et les juges, ou le législateur.

Cet inventaire des manœuvres immorales des agents de certaines sociétés est loin d'être complet. Il faut leur appliquer tout ce que nous avons dit des excès de la spéculation et des opérations coupables de l'agiotage en bourse. En réalité, ce sont les mêmes hommes qui fondent les sociétés financières, et trafiquent honteusement sur le marché avec l'argent d'autrui. Au tribunal de la pénitence il faut exiger d'eux les mêmes renoncements et les mêmes réparations, sous peine de refus d'absolution.

CHAPITRE III

DES DEVOIRS DES CLERCS EN MATIÈRE ÉCONOMIQUE

Faut-il appliquer aux clercs tout ce qui a été établi pour les laiques en général ?

Il faut répondre affirmativement. Avec cette différence, que tout ce qui est défendu aux laiques est défendu *a fortiori* aux clercs, tandis que tout ce qui est permis ou toléré pour les laiques ne l'est pas pour les clercs.

Quand il s'agit des opérations économiques permises aux laiques et interdites aux clercs, sur quel principe repose la défense faite à ces derniers d'y participer ?

Le principe est celui-ci, que les clercs, comme clercs, n'ont pas le droit de faire du négoce.

Cette incapacité est-elle de droit naturel ou de droit ecclésiastique ?

Elle est seulement de droit ecclésiastique.

Quels sont les principaux monuments canoniques qui établissent l'obligation pour les clercs de ne pas se livrer au négoce ?

Toute la législation canonique en cette matière a pour point de départ le commandement de l'Apôtre : *Nemo militans Deo implicat se negotiis sæcularibus* (1). Le 7e canon des Apôtres fixe déjà cette

(1) II. Epist. ad Timoth., cap. II, v. 4.

discipline, qui se corrobore de siècle en siècle : le IIe Concile d'Arles, en 452 ; la Décrétale de saint Gélase aux évêques de la Lucanie, dans le décret de Gratien ; le titre 50e du 3e livre des Décrétales de Grégoire IX ; la lettre d'Alexandre III à l'évêque de Londres ; la constitution de Clément V, publiée au concile général de Vienne ; enfin, le décret du concile de Trente (Sess. XXII, *de reformat*).

En dehors du droit canon, les Peres de l'Eglise, les docteurs et les théologiens anciens et modernes sont unanimes sur ce point (1).

Quelles sont les raisons pour lesquelles l'Eglise a interdit le négoce aux clercs ?

Elles se résument dans une seule : les convenances d'état. Les fonctions saintes que les clercs remplissent, le but élevé qu'ils poursuivent, la liberté d'esprit dont ils ont besoin, l'exemple du détachement des biens terrestres qu'ils doivent aux peuples, puisqu'ils la prêchent, les exigences, justes cette fois, de l'opinion chrétienne, toujours prête à se scandaliser, les inconvénients d'un autre ordre, qui sont presque inséparables du négoce, et qui sont plus redoutables pour les clercs que pour les laïques, toutes ces considérations et bien d'autres expliquent suffisamment la discipline austère à laquelle les clercs sont soumis.

La violation de cette discipline constitue-t-elle une faute grave ?

La violation *habituelle* est une faute grave, puis-

(1) Scavini, tom I. *de Oblig. cleric.* pag. 241. 242. *Casus conscientiæ*, Ire Par., casus II, pag. 64.

qu'elle emporte les censures *ferendæ sententiæ*. Néanmoins on n'encourrait pas cette peine pour un ou plusieurs cas de négoce, accomplis sans intention de les continuer; car la loi canonique suppose l'habitude, de l'avis de tous les interprètes (1).

Qu'est-ce que le négoce?

C'est le fait de celui qui achète une chose, quelle que soit sa nature, dans le but de la vendre avec profit telle quelle, sans modification aucune.

Les clercs sont-ils autorisés a faire du négoce indirectement, par des intermédiaires?

Les canons qui défendent le négoce aux clercs parlent du négoce sous toutes les formes *per se vel per alios*, parce que les mêmes raisons valent dans les deux cas (2).

Les clercs peuvent-ils faire du négoce à titre d'œuvre pie, profitable à Dieu, à l'Eglise et aux âmes?

Non. Donc il leur est interdit d'exploiter un hôtel ouvert aux ecclésiastiques, sous prétexte de ménager leur bourse et de protéger leur vertu; de tenir une librairie religieuse pour favoriser la diffusion des bons livres; de vendre des objets de piété aux portes des églises, de fréter des navires pour les pèlerinages à Jérusalem, si toutes ces entreprises tournent à leur profit.

(1) Scavini, *de Oblig. cleric.* t. I, p 342.
(2) Benoit XIV, Bull. *Apostolicæ*. — Clément XIII, Bulle *Cum primum*.

Les clercs peuvent-ils faire des ventes de charité pour bâtir une église, pour entretenir un orphelinat, pour fonder des écoles, pour assister les pauvres?

Ordinairement on ne se livre au négoce que pour réaliser des bénéfices personnels. Si donc on travaille pour autrui, et pour des intérêts supérieurs, il semble que ce n'est pas là le négoce interdit aux clercs par les SS. Canons. L'axiome *non sunt facienda mala ut eveniant bona* ne s'applique pas à l'espèce.

Peut-on en dire autant des clercs qui dans un établissement d'éducation fournissent à leurs élèves, avec profit, des articles de bureau, des jeux, des aliments, etc?

C'est douteux : la pratique paraît même contraire au principe établi plus haut ; à moins de supposer une dispense tacite du législateur.

Ce qui est interdit aux clercs pris comme individus, est-il licite aux communautés séculières ou régulières?

Il n'y a aucune raison de le croire. Là où la loi ne distingue pas on ne saurait en bonne règle établir aucune distinction, selon l'adage.

Qu'est-ce que l'industrie?

C'est le fait de celui qui, après avoir acheté des matières premières, les façonne et les vend sous cette forme nouvelle (1).

L'industrie est-elle interdite aux clercs?

Non, car les clercs ont le droit de se procurer

(1) *Casus conscientiæ*, 3e Pars casus 2, pag 61. — Scavini, Loc. citato.

par le travail de leur esprit ou de leurs mains les choses nécessaires à la vie, telles que la nourriture, le vêtement, etc., sans quoi, ils mourraient de faim dans les pays où ils ne sont pas rétribués par l'Etat ou par les fidèles. Saint Paul fabriquait des tentes, et les moines de la Thébaide des paniers d'osiers, qu'ils allaient vendre à Alexandrie et dans les autres métropoles d'Egypte (1).

Donnez quelques exemples ?

Un clerc peut vendre les ouvrages qu'il a composés, les inventions qu'il a faites, les tableaux qu'il a peints. Il peut fonder un journal et vivre des bénéfices que son journal lui procure.

N'y a-t-il pas des cas où l'industrie ressemble singulièrement au négoce, sans être le négoce?

Ces cas se rencontrent souvent.

Faut-il alors maintenir la distinction entre le négoce et l'industrie, condamner l'un et approuver l'autre chez les clercs ?

Les SS. Canons interdisent aux clercs un certain nombre d'industries, qui n'ont que l'apparence du négoce, mais qui ont pour eux les mêmes inconvénients, et produisent sur l'esprit des fidèles le même effet peu édifiant (2).

Donnez des exemples?

Affermer des terres pour en vendre les fruits; élever un troupeau, afin d'en débiter le lait ; tenir un hôtel, fréter un navire, fabriquer du chocolat

(1) *Ibidem, ibidem.*
(2) *Casus conscientiæ*, 3ᵉ pars, casus II, pag. 64.

et des liqueurs, exploiter une minoterie, une boulangerie, etc. : toutes ces industries sont interdites aux clercs.

L'Eglise peut-elle dispenser de cette loi ?

La loi en question étant simplement de droit ecclésiastique, l'Eglise peut accorder et accorde en réalité la dispense pour de bonnes raisons.

Que faut-il conclure de la doctrine canonique exposée plus haut ?

Il faut d'abord en conclure qu'il n'est pas licite aux clercs de se livrer aux opérations de Bourse, ni directement, ni par des intermédiaires (1), ni pour leur propre compte, ni pour le compte d'autrui, pas même pour des bonnes œuvres, plus probablement, à cause des vices presque inséparables de l'institution qui s'appelle le marché des valeurs.

Cela doit-il s'entendre de toutes les opérations de Bourse indistinctement ?

Oui, car pour les clercs, il n'y a de degrés que dans la culpabilité.

La simple spéculation, honnêtement pratiquée, qui est permise, au moins tolérée chez les laïques, au point de vue de la justice commutative seulement, est pour eux du négoce ; car la spéculation consiste à acheter pour vendre, en profitant de la situation du marché ; or le négoce leur est interdit.

Le jeu proprement dit, ou la spéculation effrénée

(1) Benoit XIV, Bulle *Apostolicæ*. — Clément XIII, Bulle *Cum primum*.

sans prudence, souvent sans loyauté, leur est plus rigoureusement encore défendu. Le simple jeu de cartes, ou de dé, est pour eux illicite, quand ce n'est pas à titre de délassement et de passe-temps, quand il se prolonge au-delà d'une certaine limite, que les mises sont trop considérables, et que la passion s'en mêle; à plus forte raison doivent-ils s'abstenir des jeux de Bourse, dont les inconvénients sont bien plus graves. En cette matière, le péché des clercs n'est pas accompagné des circonstances atténuantes qu'on admet pour les laïques. Les clercs possèdent les règles de la morale; ils connaissent le cœur humain et les ravages des passions; ils savent par la foi et par l'histoire où les concupiscences déchaînées conduisent les individus, les familles et les peuples. En suivant le torrent pour être modernes, ils sont inexcusables; car la Providence les a chargés de combattre les mauvaises tendances au lieu de les suivre. Ne parlons pas de l'agiotage proprement dit, dont il faut supposer les clercs incapables (1).

Toutefois, on admet que le marché *au comptant* est permis aux clercs, parce qu'il équivaut à un placement d'argent sérieux, ce qui est de droit naturel pour tout le monde. C'est à condition que les titres ne seront pas vendus et rachetés encore, avec esprit de suite, dans un but de lucre; car ce serait faire du négoce. Cependant, vendre des titres une ou plusieurs fois accidentellement, pour un meilleur placement, ou pour éviter une perte

(1) Benoit XIV, Clément XIII, déjà cités

sèche, c'est là de la bonne administration : ce n'est pas du négoce (1).

Est-il licite aux clercs d'acheter des obligations sur les sociétés commerciales ou industrielles?

C'est licite. Car les *obligations* représentent l'intérêt d'une somme prêtée, — légitimement on le suppose,— intérêt, qui est invariable, qui est servi à des époques fixes, et qui ne donne au prêteur aucun rang, ni aucun droit dans les sociétés dont il est le créancier : car il demeure étranger à leurs affaires. On sous-entend que les *obligations* ne seront pas négociées : ce serait retomber dans le cas prévu précédemment (2).

Faut-il en dire autant des actions que les clercs acquièrent dans les mêmes sociétés?

La question est controversée entre les théologiens La première opinion tient pour la négative sans distinction. Les partisans s'appuient sur cette raison, que les actionnaires sont des associés qui font du commerce, au moins par procureur, puisque la société en fait. Ils invoquent le sens chrétien du public, qui n'estime pas les clercs de cette qualité et les met au rang de vulgaires marchands. Enfin ils citent une réponse de la Congrégation des Evêques et Réguliers, datée de 1846, qui condamne les clercs possesseurs *d'actions* dans une société *en commandite*. Ils concluent que les mêmes raisons prohibitives existent pour toutes

(1) Deville, *Des opérations de Bourse*, 2e partie, chap. II, pag. 125 et suiv.

(2) *Casus concientiæ*, 3e pars, casus II, pag. 73.

les autres sociétés. Ils corroborent leur argumentation par une réponse du S. Office de 1857, qui donne aux Evêques la faculté de permettre à des clercs d'acquérir des actions sur les chemins de fer. On n'a pas besoin de permission pour ce qui est licite. Enfin, des ecclésiastiques ayant hérité d'un certain nombre *d'actions* sur plusieurs sociétés commerciales, demandèrent, pour de bonnes raisons, la permission de conserver ces *actions* et d'en percevoir le fruit. Il leur fut répondu, en 1885, que sur le rapport de la Congrégation du Concile, le Saint-Père autorisait l'Evêque consultant à donner les permissions nécessaires, pour cinq ans seulement (1).

La seconde opinion tient pour l'affirmative, également sans distinction. Ses partisans disent que les clercs sont en règle, s'ils ne font pas de négoce ; or, s'il faut convenir que les actionnaires des sociétés *en nom collectif* sont des négociants, on ne pourrait le prétendre pour les actionnaires des sociétés *anonymes*. Il est vrai que, dans l'espèce, les clercs coopèrent au négoce de ces sociétés ; mais c'est par le prêt de leur argent, non par leur concours actif, car ils demeurent étrangers à leurs affaires. Quant aux *actions* sur les sociétés industrielles, il n'y a pas de difficulté, puisque l'industrie est licite pour les clercs (2).

Une troisième opinion distingue entre les

(1) Deville, *Des opérations de Bourse* — Lehmkuhl.

(2) *Prælectiones canonicæ S*[ti] *Sulpicii.*

actions commerciales et les *actions* industrielles : elle interdit les premières aux clercs : elle leur permet les secondes (3).

(3) *Casus conscientiæ*, 3ᵉ pars, casus II, pag. 73.

SECTION II

Questions domestico-théologiques

CHAPITRE I

DU MARIAGE

Existe-t-il sur le mariage des erreurs modernes?

Il existe en cette matière des erreurs renouvelées des siècles précédents, et des erreurs proprement modernes.

Quel nom peut-on leur donner pour les différencier?

On peut appeler les unes régaliennes, les autres naturalistes.

Quelle est leur nature spécifique?

Les premières furent professées par des juristes et des hommes d'Etat trop imbus des maximes du Droit romain, et qui, sans nier le caractère sacramentel du mariage, exagérèrent les prérogatives de l'autorité civile, au détriment de celles de l'Eglise, qui est seule compétente pour traiter des causes matrimoniales. Les secondes sont aujourd'hui enseignées par les maîtres des gymnases, par une école nombreuse de jurisconsultes, et appliquées à la vie civile par des législateurs égarés.

Enumérez les erreurs du second genre?

On nie que Jésus-Christ ait élevé le mariage à la dignité de sacrement.

Le sacrement de mariage n'est que l'accessoire du contrat, dont on peut le séparer; il consiste tout entier dans la bénédiction nuptiale.

De droit naturel, le lien du mariage n'est pas indissoluble; dans bien des cas le divorce proprement dit peut être prononcé par l'autorité civile.

Par la seule force du contrat purement civil, il peut y avoir mariage proprement dit entre chrétiens; il est donc faux de dire que, entre chrétiens, le contrat de mariage est toujours un sacrement, ou que le contrat est nul sans le sacrement.

Les causes matrimoniales ressortissent par leur nature au for civil.

Quel est le principe de toutes ces erreurs?

C'est le laïcisme ou le séparatisme, qui, dans ses formes variées, n'est au fond que le naturalisme : le naturalisme sépare l'humanité de Dieu, la raison de la foi, l'Etat de l'Eglise, le contrat de mariage du sacrement.

Les erreurs naturalistes sur le mariage sont-elles plus graves en soi, et, au point de vue des symptômes, plus alarmantes que les erreurs régaliennes du gallicanisme?

Sans aucun doute. Celles-ci sont des empiètements regrettables de l'Etat chrétien sur l'Eglise; celles-là sont une véritable apostasie. Du reste, l'Etat moderne, en se constituant dans une indépendance absolue, conserve religieusement tout l'outillage de l'Etat chrétien contre les droits de l'Eglise; il a horreur de l'ancien régime, non pas des armes qui peuvent servir sa passion anti-cléricale. On voit par là le chemin parcouru depuis cent ans.

Quels sont les monuments doctrinaux les plus récents qui condamnent en bloc toutes les erreurs régaliennes et naturalistes sur le mariage?

C'est *le Syllabus* de 1864, prop. 65-74. C'est ensuite l'Encyclique *Arcanum divinæ* de Léon XIII, du 10 février 1880, qui en est un éloquent commentaire.

Quel a été, dans les temps modernes, le plus funeste résultat des doctrines hétérodoxes, sur le mariage, mises en circulation par l'hérésie et la philosophie?

C'est l'établissement du mariage civil. Si l'on excepte les impures théories pratiquées au commencement du christianisme par les Gnostiques, les Manichéens et les Montanistes, et qui de nos jours ont été réchauffées par les Mormons, les Saint-Simoniens, les Phalanstériens et les Communistes (1), on n'a jamais commis envers l'institution sacrée du mariage un attentat plus sérieux, avec des formes correctes, sous l'égide de la loi.

Quelles sont les causes qui ont présidé à ce funeste établissement?

La première cause, c'est la logique des idées : l'exagération des droits de l'Etat sur le mariage, contenue dans de certaines limites par l'opinion encore chrétienne, et ensuite la conception naturaliste du mariage, devaient amener tôt ou tard une pareille conséquence (2).

(1) Encyclique *Arcanum divina*.
(2) *Ibidem*.

La seconde cause, c'est le progrès de l'impiété chez les peuples de l'Occident, à partir de la Révolution française.

Est-on autorisé à supposer dans le législateur une intention antichrétienne?

Le doute n'est malheureusement pas possible.

L'époque à laquelle le mariage civil fut introduit, les idées longtemps préparées par une conspiration occulte, les hommes qui proposèrent, qui défendirent, qui codifièrent la nouvelle institution, tout le système naturaliste qui est le fond même de la Révolution, et dont le mariage civil n'est qu'un élément, le nom de « conquête » sur la superstition et sur la tyrannie de l'Eglise dont on le décora, tous ces faits nous obligent de conclure à un plan antichrétien chez le législateur.

Il y a d'autres preuves. Si le législateur avait voulu rester dans ses attributions naturelles, et assurer, comme c'est son droit, les effets civils du mariage, il n'avait pas besoin d'opérer une scission si radicale et si scandaleuse. S'il avait consenti à la célébration du mariage religieux avant l'accomplissement des formalités qui devaient produire ces effets, s'il avait choisi tout autre mode pour se donner de justes garanties au for civil, il aurait témoigné de son respect envers le mariage chrétien. On sait assez qu'il n'a jamais pu être amené là. Après un siècle bientôt de tiraillements entre les deux puissances, les choses sont dans le même état. Comme à notre époque le législateur est un parlement, il est possible que dans cet être collectif à six cents têtes il se soit rencontré des hommes inconscients, entraînés par le nombre, et auxquels l'ignorance ou les préjugés d'une fausse éducation donnaient une certaine bonne foi. Mais l'idée inspiratrice sortie des entrailles de l'époque, et qui n'appartient en ce moment à personne parce qu'elle est diffuse dans les esprits, cette idée est une idée impie.

La loi qui établit le mariage civil est donc une loi mauvaise en elle même, funeste dans ses résultats, criminelle dans l'intention de ses principaux auteurs?

Les pontifes romains ne l'ont pas jugée autrement. Comme les lois font les mœurs, nous avons perdu l'horreur du mariage civil; nous le distinguons du pur concubinage; nous relationnons avec ceux qui n'ont pas donné d'autres bases à leurs unions. Telle est la force de l'habitude; tel est le péril de la légalité avec tous ses effets accordés à des situations chrétiennement malhonnêtes. Frappé d'anathème dès sa première manifestation, le mariage civil a été l'objet de condamnations réitérées et toujours plus solennelles de la part des pontifes romains, à mesure qu'il a pénétré dans la législation et les mœurs des peuples modernes. La Lettre de Pie IX à Victor Emmanuel, roi de Sardaigne (19 septembre 1852), son Allocution sur les affaires de la Nouvelle-Grenade (27 Septembre 1852), celle qu'il prononça sur la situation de l'Eglise en Suisse et en Espagne (26 juillet 1855), une autre sur la même question, (17 décembre 1860), sont autant de monuments qui démontrent l'erreur et les périls du mariage civil. Léon XIII a repris la même thèse avec des développements dogmatiques, philosophiques, historiques, pleins de magnificence, dans l'Encyclique *Arcanum divinæ* (10 février 1880).

Comment faut-il traiter les conjoints entre lesquels il n'existe que le lien du mariage civil?

On doit les traiter comme des pécheurs publics et scandaleux. Au tribunal de la pénitence, l'absolution leur sera refusée; s'ils meurent dans cet état, sans s'être réconciliés avec l'Eglise par le mariage religieux subséquent, ou par une séparation mutuellement consentie, ils n'ont pas droit à la sépulture ecclésiastique. Pendant leur vie, quoiqu'ils ne soient pas canoniquement *vitandi*, parce qu'ils ne sont pas des excommuniés dénoncés, c'est-à-dire nommés, les catholiques ne doivent pas établir avec eux des relations sociales, quel que soit le rang qu'ils occupent dans le monde et même dans l'Etat.

Le prêtre doit-il, comme maître de la doctrine, instruire le peuple de la nature et des caractères du mariage, flétrir publiquement le mariage civil, au risque d'encourir les rigueurs de la loi, l'amende, la prison ou des mesures arbitraires et despotiques, telles que la suppression du traitement, s'il est curé?

C'est son devoir. Agir autrement, ce n'est pas de la modération, ce n'est pas de la prudence : c'est une faiblessse qui dégénère en complicité. Quand le silence est nuisible au bien public, le garder est un péché grave.

Qu'est-ce que le divorce?

C'est la rupture légale du lien de mariage, qui par institution divine est indissoluble.

Etant donné l'établissement du mariage civil, est-il étonnant que le divorce se soit introduit à sa suite dans des législations laïcisées?

Non. Car le divorce est le fruit naturel, la déduction logique du mariage civil.

Expliquez le rapport qui existe entre l'un et l'autre?

Le mariage n'est pas indissoluble de droit naturel, plus probablement, au moins de droit naturel primaire. Il a revêtu ce caractère de droit divin positif, lorsqu'il fut élevé par Jésus-Christ à la dignité de sacrement. Dans cette admirable économie tout progresse à la fois, la sainteté de l'institution, les devoirs qu'elle impose à l'homme, et les secours surnaturels qu'elle lui confère : ainsi l'équilibre est assuré. Si le mariage n'est qu'un contrat sanctionné par l'autorité civile, fût-il accompagné de rites religieux, comme il n'a jamais cessé de l'être, même chez les païens, — ce qui prouve qu'avant les découvertes modernes on n'avait jamais chassé entièrement Dieu de l'union de l'homme et de la femme, — alors l'indissolubilité du mariage est au-dessus des forces morales de l'homme. Selon le degré de civilisation, les législateurs viennent au secours de sa faiblesse, tantôt par la polygamie, tantôt par le divorce, de temps en temps par les deux à la fois. Quand les nations modernes eurent dépouillé le mariage de son caractère sacramentel, elles devaient tôt ou tard aller jusqu'au bout, en établissant le divorce.

Quelles raisons fait-on valoir en faveur du divorce?

Les légistes invoquent le droit de l'État, qui peut rompre le lien qu'il a formé; les libéraux font valoir la liberté humaine, qui n'a d'autre limite, dans l'espèce, que la loi civile; les romanciers font des tableaux émouvants des tortures que l'indissolubilité du mariage cause à deux êtres qui ne sont pas faits l'un pour l'autre; quand ils l'osent, ils celèbrent les amours libres.

Que répond l'Église à tous ces sophismes?

Aux légistes elle répond que l'État n'a pas le droit de rompre un lien qu'il n'a pas formé, s'il s'agit du vrai mariage. Aux libéraux elle dit que la liberté humaine, en matière matrimoniale, a d'autres limites que la loi civile : cette limite infranchissable c'est la loi divine. Elle oppose aux romanciers que l'indissolubilité du mariage n'est pas la source des tortures qui se rencontrent dans un ménage mal assorti, car les époux chrétiens sont heureux ; que le remède proposé augmente le mal au lieu de le guérir ; que le divorce traîne à sa suite, pour la femme, pour l'enfant, pour l'homme lui-même et pour la société, des conséquences désastreuses; elle range la théorie des amours libres parmi les doctrines honteuses, renouvelées des païens, si les païens ne sont pas dépassés. Léon XIII a donné à ces aperçus de beaux développements (1).

Le divorce est-il une nouveauté dans la civilisation chrétienne?

Oui et non. Pour comprendre ceci, il faut envisager le divorce, 1° comme fait, 2° comme doctrine, 3° comme loi. Comme fait accidentel, le divorce se montre à chaque page de l'histoire de l'Eglise. Il y eut toujours des révoltes contre l'indissolubilité du mariage, parce que le sensualisme supporte péniblement ce frein. Quand la passion est impériale et royale, elle est encore plus fougueuse, et plus exposée à causer des scandales retentissants. Mais il faut le reconnaître, en s'abandonnant à

(1) Encyclique *Arcanum divinæ*.

leurs caprices honteux, quelquefois cruels, les princes chrétiens ne nièrent pas ordinairement la doctrine catholique du mariage ; ils acceptèrent le jugement de l'Eglise, seule compétente en matière matrimoniale ; ils plaidèrent en nullité, avec des raisons plus ou moins plausibles, mais toujours avec respect pour l'autorité des papes, qui s'étaient réservé de connaître de ces causes. Ils ne se soumirent pas toujours à leurs sentences : c'était orgueil, c'était folie : ce n'était pas de l'impiété. On trouverait plus d'une exception à ce que nous avançons ici. Comme Léon XIII l'observe, la postérité n'est que juste en admirant les actes pleins de courage de Nicolas I contre Lothaire, d'Urbain II et de Paschal II contre Philippe I, roi de France, de Célestin III et d'Innocent III contre Alphonse de Léon et Philippe II, roi de France, de Clément VII et de Paul III contre Henry VIII d'Angleterre, de Pie VII contre Napoléon I, alors au comble de sa gloire (1).

Comme doctrine ferme, le divorce fit son entrée dans l'Europe chrétienne avec le protestantisme. A y regarder de près, c'est le protestantisme qui sema les germes de toutes les erreurs modernes sur le mariage : le naturalisme en niant que le mariage soit un sacrement, le régalisme en déférant à l'autorité civile la connaissance des causes matrimoniales, avec la prérogative d'établir des empêchements dirimants. Il altéra encore le mariage en touchant à ses caractères essentiels, à son unité en permettant la polygamie, à son

(1) Encyclique *Arcanum divinæ.*

indissolubilité en proclamant la liberté du divorce. Toutes ces erreurs avaient quelques précédents fragmentaires dans les anciennes hérésies ; le protestantisme les draina et les mit en système. Elles furent toutes condamnées au concile de Trente (Sess. XXIV, canons I-XII) : les canons V et VII visent le divorce.

La doctrine du divorce fit son chemin ; réprouvée chez les nations catholiques pendant deux siècles, elle se réveilla à l'ère des philosophes ; quand l'opinion y fut suffisamment préparée, la doctrine passa dans les institutions, en France, à la même heure où le mariage civil était adopté comme loi de l'État. Les nations protestantes nous avaient devancés sous ce rapport ; nous eûmes la triste gloire d'inaugurer ce régime chez les nations restées fidèles à l'Eglise. La Restauration effaça de nos codes une loi que la Révolution nous avait imposée tyranniquement; la Révolution essaya, en 1830 et en 1848, de reconquérir le terrain perdu : elle échoua. Elle devait être plus heureuse sous la troisième République dont nous goûtons les douceurs.

Les pontifes romains dénoncèrent avec courage cette législation antichrétienne. Les pontifes de la primitive Eglise trouvèrent le divorce dans les lois des empereurs païens ; avec le temps ils parvinrent à les faire abroger en reformant les mœurs. Dans notre siècle, les pontifes, héritiers de l'esprit apostolique de leurs devanciers, n'ont pas épargné les anathèmes à la loi du divorce, renouvelée du paganisme. Nous possédons la Lettre de Pie VI (28 mai 1793), l'Encyclique de Pie VII (17 février 1809), l'Encyclique de Pie VIII (28 mai 1829), l'Encyclique de Grégoire XVI (15 août 1832), l'Allocution de Pie IX (22 septembre 1852), enfin l'Encyclique de Léon XIII (10 février 1880), qui résume admirablement, avec une incomparable richesse, tous les enseignements et toutes les condamnations de ses prédécesseurs.

Que suit-il de là?

Que la loi du divorce est mauvaise en elle-même et dans l'intention de ses auteurs.

Quel danger spécial présente-t-elle à notre époque, même pour ceux qui ne l'invoquent pas?

A la faveur de l'ignorance religieuse universellement répandue, et à cause de l'illusion produite par la légalité, elle affaiblit la foi, elle accoutume les âmes à des mœurs antichrétiennes : elle peut produire les confusions les plus regrettables. De là, la nécessité d'exposer rigidement la doctrine du mariage.

Que vaut la distinction entre le divorce civil et le divorce religieux?

Tout juste ce que vaut la distinction entre le mariage civil et le mariage religieux. Le divorce civil est la négation *pratique* de l'indissolubilité du mariage, comme le mariage civil est la négation *pratique* du vrai mariage.

Existe-t-il des motifs qui autorisent les époux catholiques à plaider en divorce?

Il n'en existe aucun. Dans certaines situations intolérables ils ont la ressource de la séparation *quoad thorum et habitationem*, qu'ils doivent obtenir de l'Église, sauf à en demander la ratification pour les effets civils à l'autorité laïque.

Deux conjoints peuvent-ils plaider en divorce, à l'unique fin de rompre le lien civil qui les unit, s'ils ne veulent pas régulariser leur position par le mariage religieux?

Ils le peuvent; ils le doivent, s'ils ont chance de gagner leur procès.

Dans les pays où la séparation quoad thorum et habitationem *n'est pas inscrite dans la loi, des époux catholiques peuvent-ils demander le divorce, qui ne sera pour eux que l'équivalent de la séparation* quoad thorum et habitationem?

Ils le peuvent *secluso periculo scandali.*

Quelles sont les difficultés qu'a soulevées le rétablissement en France de la loi du divorce?

Elles se rapportent, non pas à la loi elle-même, réprouvée par la doctrine catholique sans conteste, mais à l'application de cette loi. Elles regardent les magistrats de l'ordre judiciaire et de l'ordre administratif, les avocats, et tous ceux qui par profession se mêlent aux procès.

Les décisions romaines sur ces points litigieux ont-elles fait la lumière et dirimé entre catholiques toutes les controverses?

Nous possédons le Décret de la Congrégation de l'Inquisition, adressé à tous les Evêques de France, à la date du 25 juin 1885, et le Décret du 27 mai 1886, qui est l'interprétation du premier, en réponse à une consultation particulière.

Le Décret du 25 juin 1885 porte : « Attentis « gravissimis rerum, temporum et locorum « adjunctis, tolerari posse ut qui magistratus

« obtinent et advocati causas matrimoniales in « Gallia agant quin officio cedere teneantur. »

« Dummodo catholicam doctrinam de matri- « monio deque causis matrimonialibus ad solos « judices ecclesiasticos pertinentibus palam pro- « fiteantur.

« Et dummodo ita animo comparati sint tum « circa valorem et nullitatem conjugii, tum circa « separationem corporum, de quibus causis judi- « care coguntur, ut nunquam proferant senten- « tiam, neque ad proferendam defendant, vel ad « eam provocent vel excitent juri divino aut eccle- « siastico repugnantem »

On se divisa sur l'interprétation de ce texte, dont le dernier paragraphe paraissait cependant décisif; les uns y virent la permission pour le juge de déclarer le divorce; les autres y virent une prohibition, à cause surtout du second *dummodo*. On provoqua sur cette interprétation même un nouveau Décret de l'Inquisition romaine. On demandait : si la sentence du juge autorisant le divorce, en faisant abstraction du mariage religieux, pour ne considérer que le mariage civil et ses effets civils, pouvait être dite non contraire au droit divin ou ecclésiastique; — si après cette sentence du juge, le maire, en se plaçant au même point de vue, pouvait prononcer le divorce, le mariage étant supposé dans les deux cas valide devant l'Eglise; — si après le prononcé du divorce, ce même maire pouvait unir civilement un des divorcés avec une autre partie, du vivant de son légitime époux. — Le Décret du 27 mai 1886 répond négativement sur ces trois questions.

Que faut-il conclure de ces deux Décrets?

On peut en conclure : 1° qu'en France le Saint-Siège tolère que les juges et autres magistrats assimilés connaissent des causes matrimoniales, aux conditions énumérées dans le premier Décret; 2° qu'en France, il n'est licite ni au juge de permettre le divorce, ni au maire de le prononcer, ou d'unir civilement un des divorcés à une autre partie, le premier mariage étant supposé valide. Tous ces actes sont, d'après la teneur des deux Décrets, contraires au droit divin ou au droit ecclésiastique ; 3° la question de savoir si les actes prohibés des juges et des maires sont intrinsèquement mauvais, c'est-à-dire contraires au droit divin, et à ce titre défendus partout et toujours, ou s'ils ne sont contraires qu'au droit ecclésiastique, et pour ce motif susceptibles d'être autorisés, cette question continue à partager les opinions (1).

Depuis ces deux Décrets, il existe une autre décision de Rome, adressée à l'évêque de Luçon, demandant si un maire de son diocèse, pour des raisons énoncées, ne pourrait pas prononcer le divorce, au point de vue purement civil. — Il a été répondu par le *tolerari posse*, à des conditions

(1) *Casus conscientiæ* 3ª Pars, casus nonus, pag. 221. La malice intrinsèque des actes du magistrat et du maire a été soutenue, avec beaucoup de vigueur et de talent, par le P. Baudier S.-J. dans l'*Univers* et dans la *Revue des sciences ecclésiastiques*. Il a été combattu par M. l'abbé Grandclaude dans le *Canoniste contemporain*. En Belgique, M. l'abbé Waffelaert, s'est rangé à l'avis de ce dernier (*Nouvelle Revue théologique*).

énumérées dans le Rescrit, conditions dont l'accomplissement est difficile en France. Cet acte du Saint-Siège semble infirmer les conclusions tirées plus haut des deux premiers Décrets.

L'Evêque de Marseille a obtenu ensuite une autre réponse sur un doute proposé à l'occasion du cas de Luçon. — La réponse, qui porte entre autres choses que la décision rendue pour Luçon ne vaut que pour Luçon, n'a pas fait la lumière. La question reste donc ouverte, même sur le second point du Décret de 1885, qui semble pourtant très clair.

Dans ces derniers temps un anonyme connu a consulté la S. Congrégation sur la question de savoir si l'on pouvait *tuta conscientia* embrasser l'opinion de M. Grandclaude. — On a répondu qu'on devait s'en tenir aux décisions du Saint-Siège. (*Etudes relig.* nov. 1891.)

L'argument tiré de la pratique des magistrats catholiques, en Belgique, en Amérique, en Allemagne, dans les causes de divorce, démontre-t-il le bien fondé de l'opinion qui soutient que, permettre le divorce, le provoquer, le prononcer, ne sont pas des actes intrinsèquement mauvais, avec les conditions présentées par le Décret du 27 juin 1885?

Il faudrait prouver que l'Eglise approuve tout ce qu'elle tolère.

La réponse du Saint-Siège au prince de Chimay, ministre des affaires étrangères en Belgique, l'avertissant que les décrets du 25 juin 1885 et du 27 mai 1886 ne regardaient que la France, a-t-elle une valeur théologique?

Plus probablement c'était une dépêche purement diplomatique. Néanmoins il faut retenir que le Décret de 1885 permettant aux magistrats civils de connaître des causes matrimoniales, le procureur peut requérir le divorce, l'avocat appuyer la demande de ses clients, le juge déclarer qu'il y a lieu à divorce, le maire le prononcer, quand il ne s'agit que de rompre le lien civil de deux conjoints dont l'union n'existe pas devant l'Eglise. Si les parties plaignantes sont unies en légitime mariage, le procureur peut conclure au rejet de la demande, et le juge déclarer qu'il n'y a pas lieu à divorce. Pour ces deux cas, les sentences ne sont contraires ni au droit divin ni au droit ecclésiastique.

Dans cette situation, quelle doit être la conduite du confesseur vis-à-vis de pénitents qui sont dans le cas des Décrets ?

Elle ne laisse pas que d'être embarrassante. Cependant, il se souviendra qu'il est permis de suivre une opinion probable; il comptera sur la bonne foi du pénitent, bonne foi assez vraisemblable chez un laïque à propos de questions qui divisent les théologiens.

Des deux opinions, quelle est celle qui prévaut, au moins dans la pratique?

C'est la plus commode : en temps de libéralisme il fallait s'y attendre. Les avocats, pour lesquels il existe des défenses particulières (1), et qui ne peuvent pas invoquer, comme les magistrats, des motifs tirés de leur position—car ils sont libres, sauf le cas où la loi leur imposerait de plaider *d'office* pour une cause de divorce,—les avocats

(1) Réponse du Saint Office à l'Evêque de South-Wark, 19 déc. 1860. Il y en a d'autres.

font comme les autres. Il n'appartient qu'au Saint-Siège de dire le dernier mot sur des difficultés aussi graves.

Peut-être est-il permis de soupçonner sous sa réserve discrète la crainte d'imposer à une génération énervée des *onera importabilia*. Les premiers chrétiens chicanaient moins avec le devoir.

CHAPITRE II

DE L'ÉCOLE

Qu'est-ce que l'Ecole?

C'est un établissement familial où l'enfant est élevé, c'est-à-dire où il reçoit des leçons de science et de vertu.

Pourquoi dites-vous que l'Ecole est un établissement familial?

Parce qu'elle est comme l'extension de la famille. Car l'enfant appartient à la famille, qui est chargée par droit de nature d'achever l'enfant au moyen de l'éducation (*educere*) physique, intellectuelle et morale.

L'école ne relève-t-elle d'aucune autre puissance?

Au point de vue surnaturel, qui est celui de l'enseignement dogmatique et moral, l'école relève de l'Eglise, qui a reçu de son divin fondateur la mission d'enseigner, de baptiser, de gouverner toutes les nations, et par conséquent les écoles, qui sont les pépinières des nations, et où chaque enfant a une âme dont elle est la mère, comme Dieu en est le père.

Quels sont les droits de l'Etat sur l'école?

Sous le rapport pédagogique ils sont nuls.

Pourquoi?

Parce que l'Etat est une autorité gouvernante non pas enseignante.

Quelles sont les attributions de l'Etat sur l'école, en tant qu'autorité gouvernante?

Il peut veiller pour que l'enseignement, qui est d'intérêt national, soit suffisamment répandu, proportionnellement aux diverses conditions sociales, et selon le degré de civilisation que chaque siècle a atteint. Il doit encourager, au besoin subventionner, les écoles où l'enseignement est donné; il garde sur elles un droit de police comme sur toutes les autres institutions.

L'Etat peut-il avoir des écoles officielles?

Les publicistes les plus modérés lui reconnaissent le droit d'ouvrir des écoles, comme toute corporation, ou comme les simples particuliers. Les écoles d'Etat ne sont pas sans exemple dans l'histoire. Il serait cependant dangereux d'aller chercher des antécédents chez les Grecs et les Romains, où la fonction de l'Etat en matière d'enseignement avait été mal comprise, comme sur beaucoup d'autres points.

Existe-t-il des raisons sérieuses pour reconnaître à l'Etat moderne des droits pédagogiques qui ne lui appartiennent pas naturellement?

L'Etat moderne s'est frappé lui-même d'une incapacité radicale, en se séparant de l'Eglise pour professer l'indifférentisme religieux.

Pourquoi?

Parce que, si à la rigueur l'enseignement scientifique est possible sans religion, — il est permis d'en douter, — l'éducation, c'est-à-dire l'information de l'âme, qui suppose la correction des vices et la culture des vertus, l'éducation ne se conçoit pas sans les principes religieux.

Les développements de la civilisation, les nécessités créées par la force des choses, telles qu'un outillage perfectionné, des spécialités d'hommes qui répondent à des besoins nouveaux, enfin les nombreuses carrières dont l'Etat a la clé, ne lui donnent-ils pas le droit d'ouvrir des écoles spéciales ?

Ici quelques exceptions à la règle générale sont possibles. Les écoles militaires et navales, l'école des chartes, des cours publics dans les muséums et autres établissements où sont réunies de grandes collections que l'Etat seul peut former et conserver, les missions scientifiques dont nul que lui ne peut faire les frais : voilà autant de branches d'enseignement qu'il est nécessaire de ranger parmi les services publics, sans préjudice pour les écoles ordinaires de tout degré qu'on doit laisser aux particuliers ou aux corporations. Quant aux carrières dont l'Etat a la clé, on peut d'abord demander pourquoi il s'immisce dans tant de choses. On répond ensuite qu'il lui suffit pour avoir des garanties raisonnables d'établir le concours ou l'examen professionnel, selon les cas, sans rechercher d'où vient le candidat (1).

Quelles sont les deux hérésies scolaires que notre siècle a vu naître?

Ce sont : 1° le monopole, 2° la laïcisation.

Quelles sont les causes qui ont produit ces deux hérésies?

L'intérêt politique a produit le monopole de l'enseignement. Les gouvernements, qui se succèdent en France à de courts intervalles, qui arri-

(1) Le Play, *La reforme sociale.*

vent par ruse ou par violence, sans l'assentiment de la nation, ont conscience de leur faiblesse. C'est pourquoi ils se hâtent de mettre l'embargo sur les écoles, qui deviennent entre leurs mains de parvenus le moule des futurs citoyens.

L'intérêt sectaire a présidé à la laïcisation de l'enseignement. Les sociétés secrètes, qui ont le fanatisme de l'impiété, et qui veulent refaire le monde à leur image et à leur ressemblance, s'emparent de l'enfant, parce que l'enfant c'est l'avenir.

Le monopole de l'enseignement, envisagé comme doctrine, est-il condamnable?

Oui, parce qu'il est contraire au droit naturel, qu'il viole le droit et la liberté des pères de famille, qu'il fausse le jeu de l'organisme social en supprimant une fonction essentielle, qu'il ne profite pas au progrès des sciences, comme une expérience déjà séculaire le démontre, et qu'il est plein de périls pour la nation, quand le monopole, non content d'être despotique, devient corrupteur.

Le monopole de l'enseignement, comme tel, est-il condamné?

Oui. Pie IX, énumérant les attentats du Piémont, disait un jour : « Nous ne pouvons que « vivement déplorer la très funeste loi que nous « savons avoir été mise en vigueur depuis le 4 « octobre de l'an 1848 , touchant l'instruction « publique et les écoles publiques et privées du « haut et moyen enseignement. Leur direction, « sauf les séminaires épiscopaux sous quelques « rapports, est toute attribuée par cette loi au

« ministre royal et aux autorités placées dans sa « dépendance; et cette attribution est telle que « l'article 58 de ladite loi statue et déclare qu'il « ne sera permis à aucune autre autorité de s'im« miscer dans le gouvernement des écoles, dans « la direction des études, dans la collation des « grades, dans le choix et l'approbation des maî« tres (1). »

C'est de cette Allocution et d'une autre (2) qu'est extraite la 45e proposition du Syllabus.

Que conclure de là ?

Que les lois françaises sur l'enseignement primaire, secondaire et supérieur, ne donnent pas aux pères de famille et à l'Eglise une suffisante satisfaction, parce qu'elles ne leur accordent que la moitié de leurs droits, en consacrant le monopole de l'Etat sous plusieurs rapports.

La loi de 1850 sur l'enseignement secondaire, la loi de 1874 sur l'enseignement supérieur, qui furent de vrais progrès, et qui ont mérité à leurs auteurs la reconnaissance des bons français et des bons catholiques, ces lois, pour produire tous leurs effets, demandent des compléments nécessaires, qui probablement se feront attendre.

Que dites-vous de la seconde hérésie scolaire, qui s'appelle la laïcisation ?

Elle est pire que la première; elle mérite toute réprobation comme contraire à la raison, à

(1) Alloc. *In consistoriali*, 1. nov. 1850.
(2) Alloc. *Quibus luctuosissimis*, 5 sept. 1851.

la foi, à l'histoire, même à une saine politique. La raison philosophique établit qu'il n'y a pas de vraie éducation sans religion, ni de morale sans Dieu : elle répute la morale civique une impiété absurde. — La foi nous enseigne qu'on ne peut rien soustraire ici-bas à l'action de Jésus-Christ et de son Eglise. L'histoire nous rappelle que l'on n'a jamais pratiqué cette monstrueuse laïcisation, ni chez les chrétiens, ni chez les païens, qui, se fabriquant de fausses et honteuses religions, ne songèrent jamais, selon la pensée de Plutarque, à bâtir des maisons sans fondement, ou à ouvrir des écoles sans religion. Les hommes d'Etat dignes de ce nom firent toujours entrer la religion dans la synthèse sociale, persuadés qu'on ne se passe pas en vain d'un pareil facteur. Ils l'introduisirent dans le gouvernement, à plus forte raison dans l'école. Les indifférents eux-mêmes l'employèrent comme frein.

La laïcisation de l'école, comme doctrine et comme fait, est-elle condamnée?

Pie IX a condamné la laïcisation de l'autorité dirigeante de l'école, et la laïcisation de l'enseignement : « Ils ne négligent rien pour resserrer « chaque jour dans de plus étroites limites, ou « pour écarter complètement des institutions « sociales toute puissance ecclésiastique, et l'ac- « tion salutaire que, en vertu de son institution « divine, l'Eglise a toujours exercée et doit tou- « jours exercer sur ces institutions..... Il n'est « pas étonnant que ce funeste travail se fasse

« surtout dans l'éducation publique de la jeu-
« nesse (1). »

C'est de ce passage qu'est extraite la Propos. 47 du *Syllabus*, qui condamne la laïcisation de l'autorité scolaire.

Le grand Pontife continue : « Un enseignement « qui non seulement ne s'occupe que de la science « des choses naturelles et des intérêts de la société « terrestre, mais qui de plus s'éloigne des vérités « révélées de Dieu, tombe inévitablement sous le « joug de l'esprit d'erreur et de mensonge; et une « éducation qui prétend former, sans le secours de « la doctrine et de la loi morale chrétienne, les « esprits et les cœurs des jeunes gens, d'une « nature si tendre et si susceptible d'être tournée « au mal, doit nécessairement engendrer une « race livrée sans frein aux mauvaises passions et « à l'orgueil de sa raison..... Qui ne voit que la « même méthode produira des résultats beaucoup « plus funestes si elle est appliquée aux écoles « populaires (2). »

C'est de ce passage qu'est extraite la Propos. 48 du *Syllabus*, qui condamne la laïcisation de l'enseignement.

(1) Epist. ad Archiep. Friburg. — 14 juillet 1864.

(2) *Ibidem.*

Depuis, le St-Siège s'est prononcé sur les écoles neutres dans les instructions adressées par la Propagande aux Evêques de l'Amérique du Nord, le 30 juin 1875.

La lettre de Léon XIII à l'Episcopat belge, sur le même sujet, a confirmé les précédentes déclarations.

Combien distingue-t-on d'espèces de laïcisation?

On en distingue deux, qui correspondent à deux degrés de séparation de l'école avec la religion, et qui sont indiquées dans la Lettre de Pie IX à l'Archevêque de Fribourg : la laïcisation impie et la laïcisation neutre, qui est une variété d'impiété.

Qu'est-ce que la laïcisation impie?

C'est celle qui, non contente d'écarter l'Église de l'école, la combat positivement par un enseignement contraire à sa doctrine.

Qu'est-ce que la laïcisation neutre?

C'est celle qui n'admet dans le programme de l'école aucun enseignement confessionnel.

La neutralité religieuse est-elle possible?

C'est une chimère; car la religion touche à tout; elle est une lumière qui éclaire la plupart des problèmes dont la science cherche la solution; elle est un fait qui remplit l'histoire, et qui a avec les événements humains une connexion nécessaire; elle est la base de la morale que les pédagogues de la Révolution prétendent enseigner sans elle.

La neutralité religieuse est-elle loyale?

Pour répondre à cette question il suffit de savoir d'où elle vient et qui nous l'impose.

Peut-on la justifier par le principe de la liberté de conscience?

Ce serait abuser d'un principe qui n'est pas bon par lui-même, et qui ne s'applique pas à l'espèce. L'enfant ne réclame pas la liberté de conscience à l'école. Il ne s'est pas encore rencontré dans le monde moderne, même au sein des villes les plus corrompues, une majorité de pères de familles pour réclamer des écoles neutres. Même alors, des égards étaient dus à la minorité qui préférait des écoles religieuses. On pouvait donner satisfaction à toutes les opinions par l'établissement des écoles confessionnelles. Mais imposer de force des écoles laïques, même avec la faculté laissée à tous de fonder des écoles religieuses à leurs dépens, c'est le fait de gouvernants sans conscience et sans vergogne, qui jargonnent sur les tréteaux parlementaires un libéralisme auquel ils ne croient pas, et qui se sont mis ignominieusement à la solde des sectes, les sectes récompensent leurs services par les charmes et les revenants-bons du pouvoir.

Est-il permis à un écrivain catholique de proposer et de défendre la création d'un Athénée national, placé sous la juridiction de l'Etat neutre, où toutes les opinions scientifiques, philosophiques et religieuses *seraient professées à la fois avec une absolue liberté?* (1)

Ce système conduit à l'indifférentisme religieux : il profiterait moins qu'on ne pense au progrès de la science. Un pareil établissement serait une Babel, où la confusion des langues serait une fois de plus le châtiment de l'orgueil humain. La Sacrée Congrégation de la Propagande a condamné cette sorte d'école *mixte* en Irlande, en 1841.

La neutralité est-elle inoffensive pour l'âme de l'enfant?

Il faut répondre qu'elle est mortelle à l'âme de l'enfant; ses organes en formation ont besoin d'être

(1) *Les Allemands.*

nourris; ses facultés naissantes demandent à leur tour un aliment. La plus noble de ces facultés, qui est la faculté religieuse ou l'aptitude à croire, que la nature a commencée en lui, et que le baptême a portée à une hauteur surnaturelle, est soumise à la même loi. Une faculté sans culture et sans objet, c'est un rameau sans lumière et sans air; elle s'atrophie. La neutralité ébauche de petits monstres, qui plus tard désoleront la société. La preuve est assez faite : elle va en augmentant.

Les parents chrétiens peuvent-ils envoyer leurs enfants dans les écoles laïques?

Ils ne peuvent pas les envoyer dans les écoles laïques du premier degré, c'est-à-dire celles qui sont *positivement* impies, et où l'on professe des doctrines contraires à l'enseignement de l'Eglise. Ici aucune raison ne saurait prévaloir contre un précepte qui n'admet pas de dispense. Le péril pour la foi est prochain, et ne saurait être rendu éloigné.

Des écoles officielles de ce caractère se rencontrent-elles en France?

Sans parler des cours publics, pour lesquels l'Etat laisse au professeur la liberté de ses opinions, dans presque toutes les facultés de médecine il y a des chaires de matérialisme. On peut citer des lycées de filles, où les professeurs de l'Université vont faire des conférences contre la doctrine catholique.

Dans ce cas, peut-on laisser les parents dans la bonne foi et les absoudre au tribunal de la pénitence?

On doit les tirer de la bonne foi en les avertissant, *propter bonum publicum ;* s'ils ne se rendent pas, ils n'ont pas droit à l'absolution. La question de lycées est plus délicate. Tout est dit sur l'Université : combattue dès son origine par les publicistes chrétiens, elle n'a pas cessé de mériter leurs anathèmes : après bientôt un siècle on peut juger l'arbre à ses fruits. Il faut donc regretter que les familles chrétiennes confient leurs enfants à une pareille nourrice, surtout depuis l'établissement des collèges libres d'enseignement secondaire. Cependant, les lycées ne sont pas des écoles neutres : la religion y est enseignée officiellement; elle y est maltraitée diplomatiquement. Les conclusions théologiques qui regardent l'école neutre ne s'appliquent pas à la rigueur aux écoles dont nous parlons. Tant qu'il y aura des aumôniers dans les lycées, il sera difficile de les excommunier : disons-en autant pour les lycées de filles, qui tout à l'heure auront leur aumônier. Excellente enseigne pour les deux boutiques.

Les parents chrétiens peuvent-ils envoyer leurs enfants dans les écoles laïques du second degré, appelées neutres?

En principe, ils ne le peuvent pas, parce que la neutralité en matière religieuse est un péché contre la foi, et un péril pour la foi. Cette conclusion est formellement contenue dans la lettre de Pie IX à l'Archevêque de Fribourg déjà citée : «..... *Ecclesia non solum deberet,* «..... *verum etiam cogeretur omnes fideles monere eisque declarare ejusmodi scholas Ecclesiæ catholicæ adversas haud posse in conscientia frequentari.* » — La Sacrée Congrégation de la Propagande inséra ce passage dans les instructions adressées aux évêques de l'Amérique du Nord, le 30 juin 1875, en ajoutant : « Et hæc quidem, ut pote fundata jure naturali ac « divino, generale quoddam enuntiant principium, « vimque universalem habent, et ad eas omnes « pertinent regiones, ubi perniciosissima ejus- « modi juventutis instituendæ ratio infeliciter « invecta fuit. » — Déjà le 2e concile national de Baltimore, en 1866, avait dénoncé les écoles neutres, et porté des défenses qui obligeaient en conscience (1). En 1879, l'épiscopat belge adressa aux catholiques une Lettre collective, où sont visés la Lettre de Pie IX à l'archevêque de Fribourg et les Décrets du concile national de Baltimore. Après avoir réprouvé et condamné l'école neutre « repro- « bamus condemnamusque, » les vénérables prélats reproduisent mot à mot les conclusions de la Lettre de Pie IX à l'archevêque de Fribourg : « Rite cunctos fideles monemus, et declaramus « ejusmodi scholas catholicæ ecclesiæ adversas, « *haud posse in conscientia frequentari.* » Après de pareilles décisions, la doctrine était ferme, et tous les théologiens qui ont écrit sur l'école neutre n'ont fait que les commenter (2).

Y a-t-il des cas où les parents pourront envoyer leurs enfants dans les écoles neutres sans pécher?

Les instructions de la Sacrée Congrégation de la Propagande aux évêques de l'Amérique du Nord déclarent que ces cas se rencontrent : « Cæterum, « Sacra Congregatio non ignorat talia interdum

(1) Concile plénier de Baltimore, III, art. 196; art. 199, IV.
(2) Lehmkuhl, *Theolog. moral*, vol. I, pag. 462. — *Casus conscientiæ*, 1a pars, casus IX.

« rerum esse adjuncta, ut parentes catholici pro-
« lem suam scholis publicis committere in cons-
« cientia possint. »

A quelles conditions?

La Sacrée Congrégation répond à la question : « Id autem non poterunt nisi ad sic agendum sufficientem causam habeant. »

Énumérez les causes suffisantes?

Parmi ces causes, la Sacrée Congrégation range le manque d'écoles chrétiennes, ou d'écoles chrétiennes qui répondent aux besoins de toutes les conditions sociales. Ce n'est pas la seule. Lorsque les parents sont, par leurs fonctions, dépendants de l'autorité civile; lorsque la pauvreté les oblige de recourir aux secours journaliers de cette même autorité, et qu'ils sont menacés de perdre leur position ou d'être privés des aumônes qu'ils reçoivent, ils ont une raison suffisante pour envoyer leurs enfants à l'école neutre (1).

Dans ces tristes nécessités quels sont les devoirs des parents envers leurs enfants?

Ils sont tenus de rendre éloigné le péril, de prochain qu'il était, par un ensemble de mesures qui soient pour les enfants un régime extra-scolaire capable de suppléer à ce qui leur manque du côté des maîtres.

Quel péché commettent les parents qui ont dans leur commune, ou dans le voisinage, une école chrétienne, qui sont indépendants de l'autorité civile, et qui envoient leurs enfants à l'école neutre?

(1) *Ibidem.*

Ils commettent un péché grave, et faute d'amendement ils doivent être privés d'absolution. Cependant, la mère de famille, qui ne pourra pas obtenir de son époux ce qu'elle lui demande, ne sera pas responsable. Les instructions de la Sacrée Congrégation de la Propagande sont très claires : « Qui, « licet schola catholica in eodem loco idonea ad- « sit aptequo instructa et parata, seu quamvis « facultatem habeant *in alia regione* prolem catho- « lice educandi, nihilominus committunt scholis « publicis, sine sufficiente causa ac sine necessariis « cautionibus, quibus periculum perversionis e « proximo remotum fiat, eos, si contumaces fue- « rint, absolvi non posse in sacramento pœniten- « tiæ, ex doctrina morali catholica manifestum « est. »

Quand les parents destinent leurs enfants aux fonctions publiques, ou à des carrières dont l'Etat garde l'entrée, la crainte de les voir exclus ou retardés dans leur avancement est-elle une cause suffisante pour les envoyer dans des écoles où leur foi est en péril?

Non. Car, si sous un gouvernement sectaire, la provenance cléricale du candidat ne lui vaut pas des faveurs, elle n'est pas toujours, ni avec certitude, un titre à l'exclusion. D'ailleurs, beaucoup d'emplois sont donnés au concours; et ici il y a plus de chances pour le vrai mérite d'aboutir, malgré la défiance dont il est l'objet. Nous ne parlons pas ici des écoles spéciales, qui sont obligatoires. Nous supposons aussi que les parents ont à leur disposition des écoles offrant autant de garanties que celles de l'Etat, sous le rapport scientifique : c'est le cas des Facultés catholiques, fondées en France depuis 1875. Cependant, comme dans les écoles d'enseignement supérieur, l'étudiant n'est pas soumis, d'une manière continue à l'influence des maîtres, qu'il les écoute déjà prémuni par une éducation chrétienne, et que vivant — souvent du moins, — de la vie de famille, pour lui le péril de perversion de prochain peut devenir plus facilement éloigné, en déclarant que, dans l'hypothèse, les parents ne sont pas dignes d'éloges, on ne saurait leur refuser l'absolution (1).

Les parents peuvent ils permettre à leurs enfants de prendre leurs grades devant les Facultés de l'Etat, quand ils ont fait leurs études dans des Facultés catholiques?

Ils le peuvent. Car, outre qu'il n'y a pas d'autre autorité existante qui aujourd'hui confère les grades aux étudiants, il n'y a ici aucun péril pour leur foi, même quand ils ont à répondre sur des programmes défectueux (2).

Les maîtres chrétiens peuvent-ils accepter des fonctions dans les écoles laiques?

Pour aucun motif, sous aucun prétexte, ils ne peuvent accepter de fonctions dans les écoles *positivement* impies, parce qu'ils coopéreraient formellement à une œuvre mauvaise, ce qui est intrinsèquement mauvais.

Cette interdiction s'étend-elle pour les maîtres chrétiens aux écoles simplement neutres, ou négativement contraires à la religion?

Puisque la neutralité en matière de religion est réprouvée et condamnée par l'Eglise comme mau-

(1) *L'école neutre en face de la théologie.*

(2) *Casus conscientiæ* 1ª pars, casus IX, pag. 253.

vaise en soi et dangereuse pour la foi, il faut appliquer aux maîtres les mêmes règles morales qu'aux parents, avec plus de rigueur encore, car la coopération des parents est en quelque sorte passive : celle des maîtres est active. Donc, en principe, ces derniers ne peuvent pas accepter de fonctions dans les écoles neutres. Mais *per accidens* les théologiens les y autorisent, quand leur coopération de formelle devient purement matérielle. Cela suppose un certain nombre de conditions et des causes suffisantes.

Quelles sont ces conditions ?

Les maîtres penseront sur l'école neutre ce que pense et enseigne l'Eglise.

Ils n'accepteront aucun livre classique opposé à la foi ; ils ne se soumettront à aucun programme contraire à leur conscience. Dans l'école, ils feront à leurs élèves tout le bien que la loi de laïcisation ne leur défend pas. En dehors de l'école, ils useront de leur liberté pour les moraliser ; ils donneront le bon exemple, en assistant aux offices comme simples particuliers ; ils éviteront la société des méchants ; ils se montreront amis du prêtre ; ils se tiendront en dehors des luttes politiques ; ils profiteront de toutes les tolérances que la coutume ou la volonté formelle des inspecteurs introduiront dans le régime de l'école : car une loi mauvaise peut recevoir des applications tempérées, qui lui font perdre un peu de ses funestes influences ; surtout ils éviteront le zèle sectaire en vue d'un avancement auquel ils doivent préférer le devoir.

Pour quelles causes les maîtres chrétiens sont-ils autorisées à entrer ou à rester dans les écoles neutres ?

Parmi ces causes, qui doivent être suffisantes et proportionnées, il faut ranger le besoin de vivre pour ceux qui ne peuvent pas aisément embrasser une autre industrie; l'impossibilité de trouver un emploi également lucratif dans une école libre : dans le cas contraire, il y a obligation de laisser l'école neutre pour l'école libre; l'attente de la retraite qui couronnera prochainement une carrière honorable; l'espoir fondé d'éviter un plus grand mal, en tenant l'école à un régime intermédiaire aussi près de la religion que de la neutralité, et en écartant des maîtres avec lesquels la situation deviendrait vite pire.

Mais les maîtres chrétiens se souviendront que c'est à regret que l'Eglise use envers eux de tolérance. Ils ne se hâteront pas d'en profiter; bien plutôt, ils saisiront toutes les facilités que la Providence leur offrira pour fuir des chaires de pestilence, où leurs âmes souffrent, même quand elles sont sans remords (1).

Quels sont les devoirs spéciaux des pasteurs en face des écoles neutres ?

Ils sont indiqués d'autorité dans les instructions de la Sacrée Congrégation de la Propagande aux évêques de l'Amérique du Nord : « Quare parochi « et missionarii, memores eorum quæ providen- « tissime hac de re concilium Baltimor constituit, « catechesibus diligenter dent operam, eisque « explicandis præcipue incumbant fidei veritati- « bus ac morum quæ ab incredulis et heterodoxis

(1) *Casus conscientiæ.* Loco citato. — Lhemkuhl, loco citato.

« impetuntur; totque periculis expositam juven-
« tutem impensa cura, qua frequenti usu sacra-
« mentorum, qua pietate in beatam Virginem
« studeant communire, et ad religionem firmiter
« tenendam etiam atque etiam excitent. »

Quels sont les autres devoirs des pasteurs à ce sujet?

Ils déploieront tout leur zèle pour fonder des écoles libres. Si ces écoles existent, ils useront de toute leur influence pour les rendre prospères.

Sont-ils tenus de disputer les enfants aux écoles neutres et de les arracher aux périls dont ils sont menacés?

Le véritable zèle va jusque-là, avec prudence sans doute, mais avec une énergie indomptable.

Les pasteurs peuvent-ils se neutraliser entre les écoles chrétiennes et les écoles neutres?

Ils ne seraient pas en sûreté de conscience; si c'est par lâcheté, par intérêt ou par ambition, leur péché est inexcusable.

Peuvent-ils, pour ces mêmes motifs, pencher vers les écoles neutres, délaisser, chagriner les écoles chrétiennes?

Une pareille supposition est odieuse. Un pasteur digne de son caractère et de sa mission en est incapable. Par la grâce de Dieu, les traîtres, même les traîtres inconscients, sont rares dans l'Eglise.

Quels sont les devoirs des catholiques dans la situation créée par les lois scolaires?

Leur premier devoir est d'apprécier ces lois et les applications qu'en font les Gouvernements sectaires, non en libéraux progressistes, enclins à amnistier tout ce qui est moderne, mais en véritables fidèles, qui pensent en tout comme l'Eglise.

Ils réprouveront donc les lois scolaires et les établissements qui en sont issus; dans toutes les circonstances ils manifesteront avec éclat leurs sentiments, pour entretenir la protestation de l'opinion chrétienne, et empêcher le despotisme de l'Etat de prescrire contre les droits de la conscience. Car s'ils s'acclimatent sous ce régime meurtrier, s'ils cessent de résister par amour d'une fausse paix, c'en est fait de la religion dans moins d'un siècle.

Le second devoir qu'ils ont à remplir est de contribuer largement à fonder et à entretenir des écoles libres, où l'enfance puisse trouver la foi à côté de la science. Les instructions de la Sacrée Congrégation de la Propagande aux évêques de l'Amérique du Nord insistent sur ce point avec une singulière énergie : « Scholis igitur catholicis « sive condendis ubi defuerint, sive amplificandis et perfectius instruendis parandisque, ut in « institutione ac disciplina scholas publicas adæquent, omni curâ prospiciendum est..... sumptusque tanto operi necessarii, ut eo libentius atque abundantius suppeditentur a fidelibus, « opportuna oblata occasione, sive pastoralibus « litteris, sive concionibus, sive privatis colloquiis, « serio necesse est ut ipsi commonefiant. » Ce subside, qu'on peut appeler le subside de guerre, doit être proportionné aux facultés pécuniaires de chaque famille. L'argent est une force; la position sociale, avec toutes les influences qui y sont attachées, en est une autre : celle-ci doit être mise encore au service de la sainte cause de l'éducation religieuse : « de quo potissimum monendi sunt,

« quotquot inter catholicos cæteris præstant divi-
« tiis ac auctoritate apud populum, quique comi-
« tiis ferendis legibus sunt adscripti. »

Le troisième devoir des catholiques consiste à donner leurs enfants aux écoles qu'ils ont contribué à fonder et qu'ils entretiennent. Ceci est dans l'intérêt des enfants: c'est aussi dans l'intérêt de la cause. La prospérité de ces écoles assure leur avenir, attire la clientèle, et fait réfléchir les persécuteurs eux-mêmes ; car la crainte de voir l'opinion se tourner contre eux, surtout en temps de suffrage universel où l'élection décide de tout, peut les déterminer à amender des lois de malheur, et peut-être à les abroger entièrement. Quant à donner son argent aux écoles religieuses et ses enfants aux écoles neutres, sans des raisons suffisantes, c'est peu logique et peu chrétien. Cette contradiction se rencontre de nos jours, même chez les meilleurs.

CHAPITRE III

DE QUELQUES HABITUDES CONTEMPORAINES

1° Des relations sociales.

Sur quel principe reposent les relations sociales?

Sur le principe de la sociabilité, ou l'instinct qui porte l'homme à rechercher l'homme pour mettre sa vie en commun avec la sienne.

Quelles sont les causes qui entretiennent cet instinct, et rendent nécessaires les relations sociales?

Ce sont les devoirs et les intérêts.

De droit naturel les relations sociales sont-elles légitimes avec tous les hommes?

En règle générale, ces relations sont légitimes avec tous les hommes indistinctement, par le seul fait qu'ils sont hommes : les devoirs et les intérêts rendent ces relations inévitables.

N'y a-t-il aucune distinction à établir?

Comme les bons et les méchants sont mêlés sur la terre, il faut préférer la société des bons à celle des méchants; cette préférence devient obligatoire quand il y a péril pour la doctrine ou pour les mœurs à fréquenter les méchants. De là la division qui se rencontre chez tous les peuples entre ces deux catégories de personnes, division d'autant plus marquée que les peuples ont plus de valeur morale.

Le christianisme n'a-t-il rien changé aux principes qui président aux relations sociales ?

En conservant les principes du droit naturel, il en a fait l'application à une société plus parfaite.

Quelle fut la conduite de l'Eglise en entrant dans le monde païen ?

Elle inscrivit dans sa discipline la loi qui interdisait le mélange des bons et des méchants (1).

N'admettait-elle pas quelque tempérament à cette loi générale ?

Elle distinguait entre les païens qui étaient en dehors de son giron, et les fidèles qui lui appartenaient. Elle ne défendait pas aux fidèles d'établir des relations sociales avec les païens, qui alors remplissaient le monde, et avec lesquels la politique, le commerce et l'industrie amenaient des relations inévitables. Chez-elle, elle n'exceptait que les excommuniés désignés nommément, avec lesquels les relations, même purement civiles, étaient interdites (2).

Quels furent les avantages de cette discipline rigide?

Elle protégeait la foi des bons, surtout des faibles, toujours plus exposés à subir de funestes influences. Elle profitait à la société religieuse, qui était d'autant plus forte qu'elle était plus homo-

(1) Scripsi vobis in epistolà : Ne commisceamini fornicariis, (I. Cor, c v 9)

(2) Non utique fornicariis hujus mundi ... alioquin debueratis ex hoc mundo exisse Nunc autem scripsi vobis non commisceri : si is, qui frater nominatur est fornicator. . . cum ejusmodi nec cibum sumere. (*Ibidem.*)

gène, en rejetant hors de son sein les éléments impropres à la vie, comme font tous les corps organiques. Elle était salutaire pour les méchants eux-mêmes, quand au sein de leurs désordres ils avaient conservé le germe de la foi : ce châtiment les amenait à résipiscence.

N'avait-elle pas l'inconvénient de partager la société en deux corps ennemis, et d'entretenir ainsi des discordes intestines, nuisibles à la paix publique, et aux intérêts qui en dépendent?

Cet inconvénient diminuait à mesure que la société chrétienne se développait, en étendant son action sur l'individu, sur la famille, sur l'État et sur les mœurs. S'il ne pouvait pas disparaître entièrement, outre qu'ici bas rien ne va sans quelque souffrance, il était compensé par des avantages de premier ordre, bien capables de le faire accepter avec résignation par les gens sensés.

Cette discipline dura-t-elle longtemps?

Aussi longtemps que la religion fut la base des institutions sociales par l'union de l'Église et de l'État.

Quelles sont les causes qui l'ont ébranlée?

Le protestantisme commença l'œuvre ; le philosophisme la continua ; la Revolution française la consomma.

Quelles sont les conséquences de ces regrettables innovations?

L'indifférentisme politique en matière de religion d'abord, l'indifférentisme religieux ensuite.

Qu'entendez-vous par indifférentisme politique en matière de religion?

J'entends par là l'égalité des religions aux yeux de l'État laïcisé, qui tantôt n'en reconnaît aucune, en les tolérant toutes, et tantôt les reconnaît toutes, en accordant à toutes la même protection et les mêmes subsides.

Qu'entendez-vous par indifférentisme religieux ou théologique?

J'entends cet état d'esprit qui accorde à toutes les religions la même valeur, les considérant comme des équivalents philosophiques, ou qui la refuse à toutes, ne voyant en elles que le résultat du fanatisme et de la superstition.

Que sont devenues les lois prohibitives qui régirent pendant des siècles la société chrétienne?

Elles sont dans le *Corpus juris*; pratiquement elles sont tombées en désuétude dans le monde moderne, où elles ne peuvent plus recevoir d'application.

Pourquoi?

Parce que la société chrétienne, sans mépriser l'homme, voyait surtout en lui le chrétien, et qu'elle avait réglé ses institutions de façon à assurer à ce dernier tous les avantages. Le monde moderne ne voit que l'homme; et parce qu'un homme en vaut un autre, il a octroyé à tous les hommes sans distinction les mêmes droits, pour leur personne, pour leurs biens, et pour les religions qu'ils professent.

Ce mélange des bons et des méchants, qui forme une même masse sous la protection des mêmes lois, marque-t-il un progrès de la civilisation chrétienne?

Quoi qu'il en soit des apparences, et malgré l'opinion du plus grand nombre, partagée par trop de catholiques, ignorants ou mal orientés en doctrine, ou lâches en face de l'erreur triompante, la foi nous oblige de croire et de professer tout haut que les changements profonds amenés par les événements sont le signe certain de la décadence des nations chrétiennes. Tous les théologiens, et les publicistes qui s'inspirent de leur enseignement, soutiennent que l'Eglise a introduit la vraie civilisation dans le monde; ils ajoutent que la même cause qui l'a produite est seule assez puissante pour la faire durer en la développant : l'effet se séparant de la cause, il doit nécessairement s'amoindrir, en attendant de disparaître entièrement.

Du moins l'indifférentisme politique et religieux a-t-il profité à la paix générale?

Jamais le monde n'a été désolé par des guerres plus fréquentes et plus désastreuses que depuis le règne des nouveaux principes. A la vérité, les guerres de religion ont cessé; d'autres leur ont succédé : guerres de classes dans l'ordre social, guerres d'opinion en politique, guerres de peuple à peuple et de race à race. L'Église et l'État, partout séparés, en droit ou en fait, sont dans de perpétuels conflits, qui ramènent sous une nouvelle forme les guerres de religion. De temps en temps rien ne manque à la ressemblance, pas même l'effusion du sang.

Étant donné la situation du monde moderne, quelles sont les règles que doivent suivre les enfants de l'Église, dans leurs relations sociales?

Pour les choses civiles, aucune loi positive ne

leur interdit d'établir des relations avec les mécréants de tout ordre, païens, juifs, hérétiques, libres-penseurs, etc. Dans le cas contraire, ils auraient le sort des premiers chrétiens, noyés au sein d'une civilisation hostile à l'Évangile : ils devraient quitter notre planète, et transmigrer dans une autre plus habitable. C'est pourquoi nous nous sommes habitués à un spectacle qui ne nous choque plus : dans les affaires, dans les sénats, dans les académies, dans les sociétés philanthropiques, nous voyons toutes les opinions politiques et religieuses se rencontrer et s'amalgamer, après avoir signé la trêve, pour établir entre elles une paix assez voisine de l'indifférentisme, mais qui est devenue nécessaire à la vie sociale. Les excommuniés *de jure* sont assis à côté de fervents catholiques, avec lesquels ils échangent des poignées de mains, et des idées quand ils le peuvent. Ceci est correct, parce que les excommuniés *dénoncés* ne sont plus que des souvenirs historiques. Ainsi les catholiques peuvent user de la plus grande liberté.

Cependant, le droit naturel n'est pas abrogé par les changements accomplis dans le monde moderne. En vertu de ce droit, chacun est tenu d'éviter dans les relations sociales le péril pour sa foi personnelle et le scandale pour autrui. Si à défaut de lois canoniques strictement obligatoires, on pouvait observer un certain decorum, les mœurs chrétiennes n'y perdraient rien, nous ne serions pas témoins, dans tant de circonstances, de promiscuités répugnantes ; les écrivains qui se sont adonnés à la psychologie sociale n'auraient pas à signaler et à stigmatiser de leur plume vengeresse des abaissements indignes de notre race et de notre histoire. Mais de ce côté il reste peu d'espoir. Le fait que l'Etat tend à absorber de plus en plus les services publics, parmi lesquels on range les écoles, les hôpitaux et même les cultes, ce fait, à lui tout seul, amène fatalement des rapprochements et des confusions qu'il est permis de regretter.

En matière de religion, in sacris, *comme dit l'école. est-il permis aux catholiques de prendre part aux cérémonies d'un culte hérétique ?*

Si par là on entend faire acte de foi à ce culte, c'est une pure apostasie : le droit naturel et le droit canon positif condamnent cette conduite. Si on ne parle que d'une simple assistance, non pas momentanée, et sans autre mobile que la curiosité, mais soutenue jusqu'à la fin de la fonction, c'est encore interdit, comme chose indécente, dangereuse, scandaleuse.

Est-il permis aux catholiques d'assister aux baptêmes, aux mariages, aux funérailles des hérétiques?

Avec une raison suffisante, il est permis d'y assister d'une présence purement civile, *honoris civilis causâ.*

Qu'entendez-vous par présence purement civile?

C'est celle qui ne se rapporte intentionnellement qu'à la personne, ou à la famille à laquelle on veut témoigner des égards, en partageant ses joies ou ses douleurs.

A quelles conditions cette présence purement civile est-elle permise?

La première est de ne pas se mêler aux rites religieux célébrés par les hérétiques; la seconde, c'est l'absence de péril ; la troisième, l'absence de scandale.

Comment peut-on assister aux baptêmes, aux mariages, aux funérailles des hérétiques, sans participer à leurs rites ?

S'il s'agit de funérailles, on évite le péché en accompagnant le mort du temple, où l'on n'entre pas, jusqu'au cimetière dont on ne franchit pas le seuil, à moins de pouvoir éviter de prendre part aux rites. La raison qu'en donnent les théologiens c'est que la coutume qui s'est introduite fait qu'on regarde ces accompagnements comme un acte purement civil, et que par là même il n'y a plus de scandale. Quand il s'agit de baptême ou de mariage, comme les rites du culte s'accomplissent dans le temple, il paraît difficile d'y assister d'une manière purement civile, sans se mêler à la fonction (1).

Le péril pour la foi et le scandale pour le prochain sont-ils choses absolues ou relatives ?

Ce sont des choses relatives. La foi est plus robuste chez un docteur en théologie que chez un adolescent qui entre dans la vie. Le scandale dépend des époques et des susceptibilités des âmes. D'après ce principe, il faudrait admettre que le scandale est d'autant plus rare que le niveau des convictions et des sentiments est plus bas. Quand le monde est abîmé dans l'erreur, le

(1) *Casus conscientiæ* : 2ª pars, casus VI, pag 702.

sensualisme et l'indifférentisme, il semble que personne ne se scandalise.

Les relations internationales étant ce qu'elles sont dans le monde entier, les membres catholiques des corps diplomatiques, composés des représentants de tous les gouvernements, qui appartiennent à différents cultes, peuvent-ils assister aux cérémonies, telles que les services funèbres célébrés pour des princes hérétiques défunts, ou aux Te Deum *qu'on chante dans leurs temples pour remercier Dieu des événements heureux qui sont arrivés à leurs pays, quand le corps diplomatique y est invité?*

D'après la doctrine exposée plus haut ils peuvent y assister d'une manière purement politique; le péril est ordinairement nul : le scandale, hélas! moindre encore dans notre siècle. Reste à savoir comment on peut concilier cette assistance purement politique avec la défense faite à tous les catholiques, fussent-ils ambassadeurs, de se mêler aux rites religieux d'un culte hérétique.

Les catholiques peuvent-ils assister aux festins qui suivent les baptêmes et les mariages hérétiques?

Malgré l'union morale qui existe entre les rites de l'hérésie et les réjouissances de famille qui les accompagnent, on peut à bon droit regarder un festin comme une chose indifférente, et l'acceptation d'une invitation comme une affaire purement civile, les catholiques peuvent donc y participer, en supposant toujours qu'il n'y a ni péril, ni scandale. Mais, dans plus d'un cas, les convenances chrétiennes commanderont l'abstention.

La Franc-maçonnerie étant condamnée par l'Eglise, et ses membres frappés d'une excommunication réservée au Pape, les catholiques peuvent-ils assister aux baptêmes, aux mariages, aux funérailles maçonniques?

Le baptême maçonnique n'est qu'une parodie sacrilège ; le mariage maçonnique, isolé du contrat civil, a le même caractère : dans les deux cas, on opère en haine de l'Eglise et dans l'intérêt de la secte. C'est assez dire que les catholiques n'ont jamais un motif suffisant pour y prendre part, même d'une manière purement civile. On excepte le cas de contrainte physique ou morale et la menace de mort. Quant aux funérailles purement civiles ou maçonniques de ceux qui les ont expressément demandées, les théologiens interdisent aux catholiques d'y paraître, même d'une manière purement civile. En cela ils se montrent plus sévères que pour les funérailles des hérétiques. A première vue, cette différence de traitement étonne. Mais il faut considérer que l'hérésie est une religion, fausse à la vérité, mais qui contient des fragments de vérité, et qui se rattache encore par un reste de foi à Dieu, et même à Jésus-Christ. La Franc-maçonnerie c'est l'impiété pure, et participer à ses cérémonies, en loge ou en dehors, c'est un acte positif d'irréligion et d'athéisme. Les théologiens donnent une autre raison moins spéculative, et par là même plus topique, c'est à savoir que la coutume ne s'est pas encore introduite de regarder l'accompagnement d'un franc-maçon et d'un athée comme un acte purement civil ; ce qui explique pourquoi il y a scandale. Puisse cet état d'esprit de l'opinion chrétienne durer longtemps : on peut craindre qu'elle ne traite bientôt l'accompagnement du franc-maçon comme celui de l'hérétique. Effet d'habitude.

Les catholiques peuvent-ils demander par testament la crémation de leur corps après leur mort? Vivants, peuvent-ils assister à des funérailles crématoires?

Les catholiques ne peuvent ni demander la crémation pour eux, ni accompagner les autres au four crématoire. La crémation est un mode de sépulture contraire à la tradition chrétienne, en particulier à l'ensevelissement de Jésus-Christ, le chef de la nouvelle humanité, et la forme de tous les siècles; elle est encore une réminiscence païenne; enfin, dans la pensée de ses inventeurs, qui invoquent fallacieusement l'hygiène, il y a la doctrine de l'anéantissement total de l'être humain, sans espérance d'une vie meilleure. Pour ces motifs, un récent Décret de la S. Congrégation des Rites a interdit la sépulture par crémation, lui enlevant ainsi le caractère de sépulture chrétienne.

Est-il permis aux catholiques de participer aux fêtes maçonniques que les loges donnent au public, telles que les bals d'enfants, les concerts, cavalcades et autres réjouissances, au profit des pauvres, ou des écoles laïques, ou de toute autre œuvre philanthropique, comme organisateurs, chanteurs, instrumentistes, ou simplement comme spectateurs, en payant la carte d'entrée?

Quoique ces fêtes soient en elles-mêmes indifférentes et plutôt bonnes, étant donné le but qu'on poursuit et le caractère de ceux qui y président, les catholiques qui y assistent à divers titres sont d'abord des dupes, puisqu'ils travaillent pour les ennemis de l'Eglise. Les francs-maçons, plus logiques et mieux avisés, se gardent bien de venir honorer de leur présence et aider de leur obole nos quêtes, nos ventes de charité, et les autres industries que le zèle a créées pour soutenir nos œuvres dans la lutte ardente avec des œuvres rivales. Ces catholiques sont ensuite en faute devant la conscience, parce qu'ils coopèrent, à différents degrés, à des actions mauvaises dans leur but, car elles tendent à écarter les âmes de la religion par une éducation impie, et par une philanthropie meurtrière qui tue spirituellement ceux qu'elle nourrit. Si les tristes tendances de notre siècle font que le scandale n'est peut-être pas grand, le péché n'en reste pas moins grave à d'autres points de vue. Il faut dire que ces catholiques ne le sont que de nom : ils méritent d'être appelés traîtres, non pas catholiques.

Est-il permis aux catholiques d'assister au mariage civil de deux personnes qui sont décidées à ne pas s'unir en légitime mariage devant l'Église?

Quoique ce qu'on appelle improprement le mariage civil soit licite, puisqu'il ne constitue qu'une formalité légale, destinée à assurer les effets civils du mariage subséquent, cependant les dispositions des conjoints sont telles, que le mariage civil devient tout le mariage, ce qui est la laïcisation du mariage, une des deux hérésies modernes dans l'espèce; par conséquent, le mariage contracté devant l'officier civil est par là même un acte d'irréligion, une sorte de culte sans Dieu, auquel les catholiques ne sauraient se mêler sans péché, pas plus qu'ils ne peuvent se mêler aux rites hérétiques et à ceux de la Franc-maçonnerie.

Les catholiques qui vont remplir les formalités civiles du mariage peuvent-ils verser des offrandes pour les écoles laïques dans les troncs disposés à cet effet dans les Hôtels-de-Ville?

Ils sont tenus de s'interdire une pareille charité pour les raisons énumérées plus haut.

Que faut-il conclure de cet examen détaillé des relations sociales et des habitudes modernes?

C'est qu'elles s'éloignent toujours davantage de la loi naturelle et de la loi canonique. L'étendue du mal a créé de la part de l'Eglise un systeme de tolerance et d'exception, qui est une cruelle nécessité. Les catholiques ne doivent pas s'en prévaloir pour suivre le torrent, mais plutôt réagir contre de si funestes tendances, et travailler sans défaillance à ramener les mœurs à leur correction antique.

CHAPITRE IV

LA FRANC-MAÇONNERIE

Qu'est-ce que la Franc-maçonnerie ?

C'est une société occulte, même quand elle n'est pas secrète dans le sens juridique ; elle a emprunté à l'art de bâtir divers symboles, qui font partie de la tenue de ses membres, qui entrent comme éléments dans ses rites, et expriment, en les dissimulant, les idées qu'elle professe et le but qu'elle poursuit. C'est la définition de mot.

La Franc-maçonnerie est une société qui s'occupe de religion et de politique ; à cette double fin, de renverser l'Eglise et de bouleverser l'Etat. C'est la définition de chose.

La Franc-maçonnerie a-t-elle une existence réelle?

Quoique la Franc-maçonnerie soit occulte, son existence est aussi réelle que celle du soleil qui se lève chaque matin. Elle se manifeste par son histoire dans le passé, par ses temples, par ses assemblées, par le catalogue de ses membres authentiques, par ses rituels, par ses fêtes, par ses apparitions dans la vie publique, quand elle les juge opportunes, surtout par ses œuvres. Il n'y a que les ignorants qui nient son existence, et les sectaires pour d'autres raisons. Les gouvernements qui ont autorisé la Franc-maçonnerie, et l'Eglise qui l'a condamnée, ont mis son existence au-dessus de tout doute.

Quelle est l'origine de la Franc-maçonnerie et sa date?

On dispute sur ce point sans parvenir à éclaircir ce problème. Les uns la font remonter jusqu'aux ouvriers qui bâtirent le temple de Salomon, d'autres, plus modestes, la tirent des antiques mystères de la Grèce ; plusieurs lui donnent pour ancêtres les Templiers ; d'aucuns, s'arrêtant à une explication plus naturelle, empruntent son extrait de naissance à une corporation de maçons qui se forma dans la Lombardie, vers le VIIe siècle de l'ère chrétienne. Cette corporation fut peut-être honnête dès le principe, comme les corporations qui se formèrent au moyen âge ; elle se dépiava en chemin, en subissant l'influence de quelque secte manichéenne, à l'état de société secrète, parce que les lois de cette époque, barbare mais chrétienne, ne lui permettaient pas de s'affirmer au grand jour.

En laissant aux érudits le soin de s'entendre, on peut soutenir qu'en France la Franc-maçonnerie fut inconnue jusque vers le milieu du XVIIIe siècle. Les libertins, comme on les appelait alors, tels que Spinosa, Bayle et leurs congénères, ne semblent pas avoir appartenu à cette société : ils lui préparèrent cependant les voies. Elle fut importée d'Angleterre, de ce même pays, d'où un demi-siècle plus tard nous vint le vaccin de Jenner. Les deux inoculations se pratiquèrent presque à la même heure, aux environs de la Révolution française ; mais elles donnent des résultats bien différents. Tandis que le vaccin du célèbre médecin arrêtait les ravages de la petite vérole, et méritait à son auteur la gloire d'être rangé parmi les bienfaiteurs de l'humanité, le virus maçonnique infectait les classes supérieures de notre pays, en attendant de descendre dans les couches inférieures pour y propager la contagion de l'impiété. On sait assez qu'il compte parmi les causes principales de la chute de la monarchie, et des événements qui s'accomplirent à cette date néfaste.

De quels éléments se compose la Franc-maçonnerie ?

Sa composition est loin d'être homogène : le bon fonctionnement de la société demandait une certaine variété. On y trouve des ignorants, des industriels et des sectaires proprement dits. Les premiers, souvent honnêtes, servent d'enseigne à la maison : ils apportent leur bonne volonté, quelquefois leur argent : en tout cas, ils font nombre : ce sont des dupes qu'on exploite. Les seconds sont des ambitieux, qui viennent chercher des grades dans les Loges, pour mieux conquérir ceux que la société civile distribue ; on utilise leurs talents, on paye leurs services ; c'est tout ce que demandent ces hommes sans conviction, prêts pour toutes les palinodies, capables de toutes les noirceurs pour de l'argent, et pour de la gloire entendue à leur manière : les politiciens, qui inondent le monde moderne et qui le bouleversent, n'ont guère d'autre provenance. Les troisièmes sont les vrais Maçons, esprits à idées fausses et fixes, âmes quelquefois fortes, non pas grandes, au moins d'une grandeur réelle, convaincus, persévérants, capables, par fanatisme, d'endurer les amendes, la prison, l'exil, la mort même; ils ont fait leurs preuves; et la secte a inscrit leurs noms dans son martyrologe de contrebande.

Quels sont les caractères spécifiques de la Franc-maçonnerie?

Elle est impie, immorale, révolutionnaire et hypocrite.

Quel genre d'impiété professe-t-elle?

Son impiété est successive et progressive. A la même heure, selon l'état des esprits dans les différents pays où elle est établie, elle est dévote, comme au Brésil, déiste, comme en Angleterre, athée, comme en France depuis 1870. Par toutes ces nuances graduées avec art, elle tend vers une forme suprême qui est le naturalisme. Le culte superstitieux qu'elle a institué, qui est souvent horrible, toujours ridicule, ne doit pas nous faire prendre le change. Sous un jargon moderne elle cache beaucoup d'idées tirées de la mythologie grecque et romaine : de temps en temps elle déchire les voiles, et se met à adorer la matière, en célébrant les fêtes des solstices, dont le Grand Architecte de l'univers n'est ni l'auteur ni le maître.

Son immoralité est-elle authentique?

A défaut de preuves elle se devinerait : car rarement les hérésies demeurent sur les sommets aigus de la métaphysique. Il fait froid là-haut, même pour l'orgueil intellectuel, qui se nourrit d'idées pures. Si un hérésiarque était capable de rester jusqu'au bout dans la contemplation de ses concepts superbes, et si Dieu, pour le confondre, ne l'abandonnait pas à l'esprit de la chair, ses disciples, moins passionnés que lui pour les doctrines qu'ils ont embrassées, aiment à se reposer de leur effort, et ils descendent dans la plaine, tirant les conclusions logiques contenues dans des prémisses erronées. Mais l'immoralité de la Franc-maçonnerie a désormais ses historiens, ses orgies sont décrites; ses Loges androgynés, appelées Loges d'adoption, sont connues. Non contente d'être immorale dans ses pratiques, elle fait de l'immoralité un instrument de règne; elle n'ignore pas qu'on s'empare plus facilement des masses par la corruption des mœurs que par l'idée; en conséquence elle fait de la doctrine en haut; elle développe l'amour du plaisir en bas. Le déluge d'obscénités par la parole, par la plume, par le crayon, par le pinceau et le ciseau, qui inonde le pays à l'heure présente, est un effet de ses abominables propagandes.

Comment la Franc-maçonnerie est-elle révolutionnaire?

Parce qu'elle attaque toutes les bases sur lesquelles repose la société. Sous ce rapport, elle suit le programme le plus complet et le plus radical qui fut jamais : la propriété, le mariage, la paternité, l'hérédité, l'autorité politique, la loi, la liberté légitime, tout y passe.

Comment se révèle son hypocrisie?

Par les noms qu'elle prend, par les formes qu'elle revêt, par la prudence qu'elle observe aux heures critiques, par l'audace qu'elle déploie aux moments propices, par les œuvres en apparence bonnes qu'elle accomplit, par la négation cynique des doctrines qu'elle professe et des fins scélérates et honteuses qu'on lui prête, par l'honorabilité d'un certain nombre d'adeptes qu'elle sait gagner. C'est le grand serpent tortueux, *serpentem tortuo-*

sum qui s'agite au fond des sociétés, enveloppant et enserrant dans ses orbes perfides hommes et choses, peuples et rois (1).

Son organisation mérite-t-elle la réputation qu'on lui a faite?

Son organisation est savante, très pondérée, surtout très forte. L'autorité y est despotique, et l'obéissance passive, il règne dans les rapports des inférieurs avec le pouvoir dirigeant une logique effroyable, qui va jusqu'à l'élimination par le poison ou par le fer des membres qui trahissent les intérêts de la secte. En prêchant à outrance la liberté de penser, de dire et de faire, la Franc-maçonnerie a eu le soin d'exclure de son symbole le grand dogme moderne, et surtout d'en bannir la pratique dans son gouvernement : en cela, elle fait preuve d'avisement et d'esprit politique; car elle sait que le libéralisme est un dissolvant, qu'il faut conseiller ou imposer à ceux qu'on veut perdre, en évitant soi-même d'user de la recette.

Trouve-t-on dans l'histoire les équivalents de la Franc-maçonnerie?

Toutes les sociétés païennes ou hérétiques, qui ont troublé les nations, tantôt par des conspirations sourdes, tantôt par des révoltes à main armée, peuvent être regardées comme les prototypes de la Franc-maçonnerie. Mais il semble qu'elle en soit comme l'abrégé, le grand égout collecteur *cloaca maxima*, de toutes les erreurs, de toutes les

(1) Il faut lire avec soin l'Encyclique de Pie IX, *Etsi multa luctuosa*, 1873, où les agissements serpentins de la secte sont admirablement décrits.

corruptions, de tous les crimes que ces sociétés ont à leur charge. Elle est faite de toutes ces pièces, fondues dans l'unité la plus puissante qui fut jamais.

Il faut remarquer que les sociétés gnostiques, albigeoises, les anabaptistes, les calixtains, les taborites et leurs congénères, furent plutôt des écoles d'hérésie que des partis politiques. Quand ils s'insurgèrent contre les princes, ils furent bientôt ramenés à l'obéissance, et n'exercèrent le pouvoir qu'en passant. Le protestantisme fut plus habile et plus heureux : il voulut être le pouvoir politique, et il réussit à le conquérir, convaincu qu'il ne pouvait durer à d'autres conditions : encore maintenant il occupe des positions conquises il y a trois siècles. La Franc-maçonnerie a vécu longtemps d'idées abstraites et d'aspirations scélérates. Cependant, elle a évolué peu à peu, en gagnant toujours du terrain; on peut suivre ses incarnations successives comme celles du Vichnou indien et compter ses Avatars. Après s'être emparée des idées, elle s'est infiltrée dans les mœurs; elle a fait ensuite le siège du pouvoir politique, en traçant avec art ses parallèles, minant l'une après l'autre toutes les enceintes, pénétrant dans les magistratures, dans les bureaux de l'administration, et jusque dans les ministères; de là au pouvoir suprême il n'y avait qu'un pas; un matin elle y monta : elle y est encore. Pour être maître du monde, il ne suffit pas d'être une école; il faut être gouvernement (1).

(1) Encyclique *Etsi multa luctuosa.*

Ce qu'on raconte de la prospérité de la Franc-maçonnerie mérite-t-il créance?

Sa prospérité est inouïe, et dépasse toutes les prévisions humaines, peut-être les siennes. Le nombre de ses membres, l'opulence de son budget et d'autres signes en témoignent suffisamment. Elle est représentée dans tous les centres de l'activité sociale, elle dicte les lois aux parlements, et les arrêts aux cours de justice; elle dirige les élections, elle distribue les emplois publics, elle fait et défait les ministères; elle suscite toutes les émeutes, elle préside à toutes les grèves, elle a la main sur la presse, elle ouvre et ferme les portes des instituts; elle dicte les programmes de l'instruction primaire et secondaire; elle désigne les soldats qu'elle préfère aux grands commandements : elle a ramassé dans sa main souveraine toutes les forces vives du monde : désormais elle paraît invincible.

Quelles sont les causes de cette prospérité?

Le mal remonte à trois siècles en arrière; en avançant il a acquis une vitesse toujours plus accélérée qui a augmenté sa puissance. Parmi les causes prochaines de son triomphe, il faut ranger la fréquence des révolutions, l'avachissement des bons, l'audace des méchants, la complicité des gouvernements, et, par-dessus tout, le libéralisme. Si les libéraux honnêtes, surtout les catholiques, savaient les services qu'ils ont rendus à la Franc-maçonnerie, ils seraient inconsolables. C'est un peu tard pour se repentir : mais où est le repentir?

Quel est le but ultime et synthétique que poursuit la Franc-maçonnerie?

Elle veut détruire un monde, pour en construire, disons créer, un autre conforme à son génie. Elle veut détruire le monde de la tradition, le monde du Christ, pour créer le monde de la révolution, le monde de Satan. Comme conception c'est horriblement grandiose. De Maistre a écrit que la Révolution française était satanique : il a raison, parce qu'elle est maçonnique.

Y a-t-il ici-bas une force capable d'arrêter les envahissements de la Franc-maçonnerie, et de rendre les sociétés à qui elles appartiennent ?

Il n'y en a qu'une, c'est l'Eglise.

Comment peut-on démontrer cette vérité?

Par l'aveu de la Franc-maçonnerie elle-même, qui la dénonce chaque matin comme l'obstacle au progrès de la civilisation, c'est-à-dire au sien propre, et qui la désigne aux tracasseries ou aux persécutions violentes de ses adeptes, en position d'exécuter ses ordres.

En attendant d'avoir vaincu l'Eglise, que fait la Franc-maçonnerie ?

Elle la singe : elle s'efforce de copier son unité, par une unité faite de morceaux, qui ne se tiennent que pour détruire ; sa sainteté, en dressant un martyrologe de coquins ; sa catholicité, en se répandant dans le monde entier, avec un succès trop réel ; son apostolicité, en se rattachant à tous les bons apôtres du paganisme et de l'hérésie. Le diable est le singe de Dieu, la Franc-maçonnerie est le singe de l'Eglise. Vains efforts !

Pratiquement qu'est-il nécessaire de savoir touchant la Franc-maçonnerie ?

Avant tout il faut savoir qu'elle est condamnée. Depuis Clément XII jusqu'à Léon XIII, chaque pape a lancé l'anathème à la secte infernale : Clément XIII, Constit. *In Eminenti* 1738, — Benoît XIV, Constit. *Providas* 1751, — Pie VII, Constit. *Ecclesiam* 1821, — Léon XII, Constit. *Quo graviora mala* 1825, — Grégoire XVI, Encycl. *Inter præcipuas machinationes*, — Pie IX, Encycl. *Quo pluribus* 1846, Encycl. *Etsi multa luctuosa*, 1873, — Léon XIII, Encycl. *Humanum genus* 1884.

Quelle est l'étendue de cette condamnation?

On peut la déterminer avec la Constitution de Clément XII, que tous ses successeurs ont confirmée. Cette Constitution frappe d'excommunication majeure, *encourue par le seul fait*, et réservée au souverain Pontife, tous ceux qui font partie, à un titre quelconque, des Loges maçonniques, qui fréquentent leurs assemblées ou conventicules, tous les fauteurs de ces mêmes Loges, et ceux qui connaissant leurs membres, leurs fauteurs, leurs alliés, ne les dénoncent pas à qui de droit. La même peine est infligée à tous ceux qui lisent, ou qui gardent des livres, manuscrits, rituels, règlements, se rapportant à la Franc-maçonnerie, ainsi que les livres écrits pour sa défense.

Cette Constitution a-t-elle aujourd'hui toute sa force?

Au point de vue du péché, on ne saurait en douter : la bonne foi est la seule cause excusante. Au point de vue canonique, en ce qui concerne la censure, la Constitution *Apostolicæ sedis*, qui a revisé et abrogé les censures contenues dans le droit, a maintenu l'excommunication portée par Clément XII, contre les Francs-maçons, en l'étendant à toutes les sociétés congénères qui se sont établies depuis un siècle, et selon toute sa teneur. Cependant, ceux qui l'ignorent, d'une ignorance involontaire, ne l'encourent pas; le bénéfice de ce principe est acquis même à ceux qui connaissent la malice de la secte, et qui ont conscience du péché qu'ils commettent en s'y enrôlant.

L'obligation de dénoncer les membres de la Franc-maçonnerie et leurs fauteurs urge-t-elle en France?

Vu l'état des mœurs, il semble que cette loi, comme bien d'autres, soit tombée en désuétude, quoique la Constitution *Apostolicæ sedis* la maintienne en principe, et pour les pays où elle est encore d'une facile application (1).

L'excommunication est-elle portée contre tous les membres de la Franc-maçonnerie, ou seulement contre les coryphées de la secte?

Les théologiens sont d'accord pour comprendre dans l'anathème tous les grades, depuis l'apprenti jusqu'au chevalier kadosch, ce qui est conforme à la teneur de la Constitution de Clément XII, si cette Constitution atteint les simples fauteurs et ceux qui ne dénoncent pas, à plus forte raison ceux

(1) Les canonistes sont divisés. Il est certain que la Bulle *Apostolicæ sedis* a réduit l'obligation de dénoncer sous peine d'excommunication au seul cas des coryphées occultes Quant aux autres, quoique la censure soit levée, l'obligation de les dénoncer ne subsiste-t elle pas?—Controvertitur.—On peut suivre ce débat, dans les *Casus conscientiæ*, Pars prima, casus XI, pag. 287.

qui appartiennent, à un degré quelconque, à la société condamnée.

Que faut-il entendre par fauteurs de la Franc-maçonnerie?

Tous ceux qui, sans être inscrits sur ses catalogues, la favorisent dans l'opinion, par la parole ou par la presse, qui lui fournissent de l'argent, qui réservent les emplois publics pour ses adeptes, qui les arrachent des mains de la justice quand ils se sont compromis, etc. Au premier rang des fauteurs il faut ranger les princes et leurs ministres, les magistrats, les publicistes, les riches financiers. Les typographes qui impriment les livres maçonniques, les distributeurs, courtiers et commissionnaires ne sont pas sur ce point sans reproche, quoique leur coopération soit plus éloignée et moins efficace. Il n'y a pas cependant de raison suffisante pour croire que la censure ne les atteint pas, sauf le cas d'ignorance, qui est le plus fréquent dans cette catégorie d'hommes. Peut-on en dire autant des famuli, concierges et autres subalternes? Il est permis d'en douter. Sur certains points de détail les théologiens disputent; c'est ainsi qu'ils ne sont pas d'accord pour ranger ou non parmi les fauteurs de la Franc-maçonnerie ceux qui lui louent des maisons pour ses conventicules. Cependant, de droit positif, il semble qu'il faut embrasser l'affirmative, puisque Clément XII a compris les loueurs de maisons parmi les fauteurs de la société condamnée (1).

(1) *Casus conscientiæ*, Pars prima, casus XI, pag. 283.

Quelle conduite doit suivre le confesseur avec un pénitent franc-maçon?

La procédure canonique, telle qu'elle est dans les Auteurs, est assez compliquée. Il est douteux que dans l'état des mœurs contemporaines, en France surtout, elle soit applicable, au moins dans toutes ses parties. Cependant, les principes généraux qui régissent la matière, maniés avec intelligence, peuvent beaucoup la simplifier : il s'agit de découvrir les motifs extrinsèques qui sont des causes de dispense, et qui sont contenus dans les règles elles-mêmes de la procédure ; un seul mot les résume : faire ce qu'on peut.

Le confesseur ordinaire doit rechercher avec prudence si le pénitent en question ignore ou non les censures de l'Eglise contre les membres de la société dont il fait partie. S'il les ignore, d'une ignorance involontaire, le confesseur peut l'absoudre; s'il les connaît, il les a donc encourues, et en bonne règle, il doit se présenter au supérieur à qui les censures sont réservées. Si cette présentation est impossible, ou physiquement ou moralement, le confesseur se pourvoit des pouvoirs nécessaires : s'il les possède, il en use aux conditions ordinaires.

Quelles conditions sont requises pour l'absolution d'un pénitent franc-maçon ?

A part les conditions requises de tout pénitent qui demande à être absous, il doit abjurer ses erreurs, ou positivement, par un acte public au moins en Loge, ou négativement, en cessant d'assister aux assemblées et de prendre part aux affaires de la secte ; réparer les scandales de sa vie, si son inconduite était notoire ; livrer les livres et les insignes de son ordre; dénoncer les coryphées occultes, en supposant, selon l'opinion de plusieurs théologiens, que cette obligation existe : à moins que des raisons sérieuses et dignes d'être prises en considération ne soient une dispense légitime d'une loi purement ecclésiastique : dans certains cas, v. g. s'il y allait du salut public, l'obligation urgerait.

Un franc-maçon converti intérieurement peut-il cacher sa conversion, et continuer d'assister aux assemblées des Loges, de verser ses cotisations mensuelles, etc., pour ne pas perdre un emploi qui le fait vivre, ou par crainte de la mort?

L'acte a été jugé intrinsèquement mauvais par la S. C. de l'Inquisition, et par conséquent défendu *semper et pro semper*. (Décret du 5 juillet 1837) (1). Des théologiens accommodants ont voulu introduire des mitigations dans l'espèce.

(1) *Casus conscientiæ*. Pars prima, casus XI, page 297.

SECTION III

Questions politico-théologiques

CHAPITRE I

PRÉLIMINAIRES DU SUJET

Existe-t-il un ordre de choses qu'on peut appeler politico-théologiques?

La raison et la foi sont d'accord pour établir que cet ordre de choses existe.

Que dit la raison?

La raison démontre l'unité du monde social, la corrélation et la solidarité de ses parties, comme dans le corps humain les membres conspirent ensemble pour constituer, manifester et entretenir une même vie, une et indivisible; enfin la subordination hiérarchique des forces inférieures aux forces supérieures, à peu près comme dans l'homme le corps est subordonné à l'âme, en partageant ses fonctions dans l'unité de substance, sans atteindre à sa dignité. L'histoire, qui est l'expression de la pensée des siècles, ou de la raison générale, confirme cette doctrine.

Que dit la foi ?

La foi nous enseigne que Dieu créa le monde sur ce plan, en instituant directement et par une action immédiate la société domestique, image et forme élémentaire de la société politique, car la cité n'est que la famille agrandie. Dans cette société initiale on voit déjà se dessiner la diversité des pouvoirs, retenus d'abord dans une unité qui les confond dans la même main du père, roi et prêtre, en attendant que le développement progressif de l'œuvre divine amène leur division, sans aboutir à la séparation : la division existera dans les attributions, l'unité dans l'action.

La foi nous enseigne encore que lorsque le dessein providentiel eut été faussé par le péché, quand les parties maîtresses du monde social, sans périr, eurent cessé de fonctionner d'une façon normale, tantôt par dissociation, tantôt par l'absorption de l'une dans l'autre, toujours par des conflits qui, en troublant la paix, menaçaient les sociétés d'une ruine plus ou moins complète, Jésus-Christ vint rétablir les choses sur le plan primitif. Il en traça les lignes avec plus de netteté et de vigueur; ainsi il porta le monde social à une hauteur qu'il n'avait jamais atteinte, en le jetant dans un moule plus parfait, où son unité se fortifia encore, par la corrélation plus intime de ses parties, et une compénétration qui laissait subsister la distinction et prévenait la division. Ce monde nouveau, chef-d'œuvre de la puissance, de la sagesse et de l'amour du Rédempteur, s'est appelé pendant douze siècles : la chrétienté.

Quel est le sens de ces paroles de l'apôtre saint Paul : « Instaurare omnia in Christo (1)? »

C'est celui que l'on vient d'indiquer. Tout sort de Dieu, l'individu, la famille et la société, immédiatement ou médiatement; tout doit faire retour à Dieu dans le temps ou dans l'éternité; tout est subordonné à Dieu, qui dicte des lois à toutes les existences contingentes, aux sociétés comme aux étoiles, au brin d'herbe et à l'atome.

Est-ce là un simple système d'école qu'on peut admettre ou rejeter?

Non, c'est une doctrine qui appartient à la foi catholique (2).

Cette conception théologique du monde a-t-elle jamais été autre chose qu'une conception?

Elle a été une réalité historique, de Constantin à la Révolution française.

Quelle est la théorie qui de nos jours a prévalu dans les esprits, et qui tend à recevoir une application plus ou moins entiere dans la plupart des pays civilisés?

C'est la séparation de l'Eglise et de l'Etat.

Que faut-il penser de cette théorie toute nouvelle?

C'est une hérésie condamnée par la proposition LV du Syllabus, et par l'encyclique *Immortale Dei.*

Que vaut cette formule : l'Eglise libre dans l'Etat libre?

C'est la même hérésie doublée d'un mensonge.

(1) Ephes , I, 10.
(2) Encyclique *Immortale Dei.*

Et celle-ci : l'Eglise doit être soumise à l'Etat?

C'est l'erreur fébronnienne élevée au cube par le radicalisme centralisateur. Elle est condamnée par le Syllabus, prop. XLI-LIV, et par l'encyclique *Immortale Dei.*

Et celle autre : l'Etat est subordonné à l'Eglise?

Cette formule est la véritable : mais elle a besoin d'être expliquée. La saine théologie professe la distinction des pouvoirs dans leur union même; en proclamant la prééminence de l'Eglise, elle ne prétend pas absorber l'Etat dans sa juridiction. L'Etat est autonome pour les choses temporelles : il est soumis à l'Eglise pour les choses spirituelles. L'Eglise n'administre pas : elle dirige de haut par son enseignement; elle exerce une influence morale sur les princes et sur les sujets : en respectant l'indépendance de l'Etat, elle ne lui demande que de gouverner chrétiennement, autant que les circonstances le permettent. Alors l'Etat devient le satellite de l'Eglise : il a un mouvement propre, qu'on peut appeler le mouvement de rotation sur son axe, et un autre mouvement, qui est le mouvement de translation autour de l'Eglise, centre du plan divin, foyer de lumière et de vie, qui rayonne sur les institutions politiques, et les rend glorieuses et durables.

Les longues luttes du sacerdoce et de l'empire, qui remplissent le moyen âge, peuvent-elles être invoquées contre la doctrine de l'union de l'Eglise et de l Etat?

L'argument ne vaut pas, car ces luttes regrettables n'ont pas pour cause la doctrine elle-même, mais les passions humaines, telles que l'orgueil des princes et la corruption de leurs mœurs. La séparation de l'Eglise et de l'Etat n'a pas mis fin à ces querelles, elle les a plutôt portées à l'état aigu.

Que perd l'Eglise par sa séparation avec l'Etat?

Elle perd son influence directe sur les institutions politiques, influence légitime et normale, qui se répand ainsi sur tout l'organisme social : on peut la lui disputer, on peut la lui enlever, elle ne consentira jamais à la céder de son plein gré. Dans certaines situations, l'Eglise recouvre, en se séparant de l'Etat, une liberté que les concordats lui avaient enlevée.

Que devient l'Etat séparé?

Privé des salutaires influences de l'Eglise, il ne reste pas longtemps neutre : tôt ou tard il devient sectaire, comme de récentes expériences, ajoutées à celles du passé, le démontrent surabondamment.

Les catholiques peuvent-ils soutenir la séparation de l'Eglise et de l'Etat?

En thèse générale, ils ne sauraient embrasser cette opinion sans pécher contre la foi; si c'est par hypothèse, ils sont corrects.

Qu'entendez-vous par thèse et hypothèse?

Cette distinction correspond à celle du droit et du fait. En droit, l'union de l'Eglise et de l'Etat est de précepte divin; elle est indissoluble comme le mariage de l'homme et de la femme. En fait, cette union peut être brisée par la faute des gouvernements : et souvent les circonstances ne permettent pas de la rétablir.

Les catholiques peuvent-ils se placer sur le terrain de l'hypothèse, ou des faits accomplis, pour défendre les intérêts religieux, dans les controverses contemporaines, et pour régler leur conduite publique dans leurs rapports avec les gouvernements?

Ils y sont autorisés par les circonstances : la sagesse leur en fait souvent un devoir.

A la faveur de l'hypothèse, leur est-il permis de montrer peu de goût pour la thèse, et d'attaquer les périodes historiques pendant lesquelles elle régna, comme des périodes d'ignorance et de despotisme?

De pareilles tendances sont mauvaises, et peu en harmonie avec l'esprit chrétien. Sous ce rapport, une certaine école de catholiques ne fut pas toujours à l'abri de tout reproche. On dit qu'elle s'est amendée.

Quel est le devoir des catholiques dans la situation que les événements ont faite à l'Eglise?

Leur premier devoir est de regretter pour l'Eglise les conditions anormales dans lesquelles elle est placée, et de demander à Dieu de lui rendre l'influence des anciens jours, selon ces paroles de l'Oraison dominicale : *adveniat regnum tuum.*

Ils ne sauraient donc regarder comme un progrès la civilisation moderne?

Ils se montreront des hommes dignes de leur baptême, et par-dessus le marché des philosophes de quelque valeur, en voyant dans la civilisation moderne le progrès matériel, la décadence sociale, et l'humiliation de l'Eglise.

Peuvent-ils accepter les temps modernes, sous prétexte de faire plus de bien en s'adaptant aux circonstances ?

Des temps modernes ils doivent accepter tout ce qui est bon ou indifférent, et rejeter tout le reste.

L'Eglise fait-elle de la politique?

Oui et non. Puisqu'elle fait de la théologie, et que la théologie est, depuis la rédemption surtout, le regulateur du monde, elle étend son action sur les gouvernements comme sur les individus : elle ne peut donc pas se désintéresser de la politique. Quand d'ailleurs l'Etat fait de la théologie — de la mauvaise s'entend — quand il viole les droits de Dieu, et qu'il menace les intérêts les plus sacrés des âmes, l'Eglise combat l'Etat : ainsi elle fait de la politique. On peut dire encore que l'Eglise ne fait pas de politique, en ce sens qu'elle s'accommode des formes de gouvernement les plus diverses, puisqu'elle est répandue sur toute la surface du globe, pourvu que ces formes soient également chrétiennes.

L Eglise professe t-elle l'indifférentisme en matière de formes politiques?

Oui, en ce sens qu'elle s'adapte à toutes les formes de gouvernement, quand les gouvernements consentent à établir avec elle des relations diplomatiques, à signer des concordats, et à lui faire place dans le jeu des institutions nationales. A ce point de vue, elle s'accommode des plus mauvais : elle traite avec le Grand-Turc qui est mahometan, avec l'Allemagne protestante, avec la

Russie schismatique, avec la France révolutionnaire.

Il ne suit pas de là que l'Eglise accorde à toutes les formes de gouvernement la même valeur intrinsèque. Les formes de gouvernement ont une valeur intrinsèque inégale : entre la monarchie, l'oligarchie et la démocratie, on dispute. Saint Thomas établit dans sa *Somme théologique* que le gouvernement le plus parfait est celui qui se compose de monarchie, d'aristocratie et de démocratie. La vérité est là. Les formes de gouvernement ont encore une valeur relative, qui dépend de la topographie des États, du génie des peuples, de leur tempérament physique, de leurs traditions, de leur mission historique : la forme qui correspond le mieux à toutes ces circonstances est évidemment la meilleure. Voilà pourquoi il est absurde et dangereux de vouloir imposer à tous les peuples les mêmes institutions politiques. L'Église qui possède la sagesse de Dieu, et à qui la théologie donne la philosophie la plus complète qui fut jamais, saisit évidemment toutes ces nuances, et ne saurait accorder la même estime et la même confiance à toutes les formes de gouvernement, quelle que soit d'ailleurs sa conduite avec tous les gouvernements existants.

Comment peut-on diviser les questions politico-théologiques?

On peut distinguer les questions dogmatiques ou spéculatives, et les questions morales ou pratiques. Les premières ont pour objet les principes, par exemple, l'autorité, son origine, sa transmission, ses formes, sa fonction sociale, sa mission, ses droits, la limite de ses droits, la liberté, qui constitue le droit du sujet, sa vraie notion, la liberté légitime et la fausse liberté, les rapports de l'autorité et de la liberté, etc. Les secondes ont pour objet les devoirs, devoirs des gouvernements, devoirs des gouvernés.

Comment les devoirs politiques relèvent-ils de la théologie?

Parce que l'acte politique est un acte humain, et qu'à ce titre il est soumis à la loi morale, comme la matière est soumise à la loi de la gravitation.

A quel commandement du Décalogue faut-il rattacher les devoirs politiques?

Au quatrième commandement, qui règle les devoirs des parents envers les enfants, et ceux des enfants envers leurs parents. Par extension on y comprend les devoirs des gouvernants envers les gouvernés et ceux des gouvernés envers les gouvernants.

Les devoirs politiques obligent-ils autant que les devoirs envers les simples particuliers?

Ils obligent plus strictement encore, parce que de leur accomplissement dépendent des intérêts de premier ordre.

N'y a-t-il pas des situations dans la vie des peuples qui réclament impérieusement l'accomplissement des devoirs politiques?

Quand la patrie est tourmentée par des crises périodiques, qu'elle est déchirée par les factions, opprimée par le parti victorieux, les bons citoyens doivent user de leurs droits pour l'aider à retrouver sa voie et à relever ses destinées compromises. Quand l'Eglise est persécutée, les catholiques doivent faire trève à leurs divisions, se liguer pour protester contre les lois iniques, et réclamer sans trève ni merci ce qui appartient à l'Eglise.

D'où vient que la conscience de la plupart des catholiques n'est pas assez éveillée à l'endroit des devoirs politiques?

C'est parce que la responsabilité du péché se distribue entre un grand nombre d'individus. On ne sent bien que les fautes personnelles, qu'on commence et qu'on termine.

La diffusion de la responsabilité enlève-t-elle celle des particuliers?

Devant l'opinion humaine peut-être, non pas devant Dieu. La responsabilité diminue pour chacun : elle reste pour tous.

Quelles sont les principales causes qui expliquent l'apathie de tant d'hommes quand il s'agit de devoirs politiques?

C'est d'abord l'absence de fortes convictions politiques, résultat des révolutions qui se succèdent en Occident depuis un siècle, surtout en France. C'est ensuite l'affaiblissement de la foi religieuse qui a amené l'effacement des caractères. C'est encore le modérantisme prêché à tort et à travers, comme s'il était toujours la sagesse. C'est enfin l'égoïsme, qui se détourne de l'intérêt public, pour s'absorber dans l'intérêt privé.

A quelle école faut-il renvoyer les fils de lumière?

A l'école des fils de ténèbres, qui déploient dans les luttes contemporaines une ardeur digne d'une meilleure cause.

Ici on traitera principalement des devoirs politiques des gouvernés.

CHAPITRE II

DES ÉLECTIONS

Qu'est-ce que l'élection en politique?

C'est le choix fait par les citoyens d'un certain nombre d'hommes chargés d'exercer le pouvoir public, ou dans l'Etat, ou dans la province, ou dans la commune.

Combien distingue-t-on de modes de transmission du pouvoir par la communauté à un ou plusieurs hommes?

On en distingue trois : l'élection, l'hérédité, et le système mixte, qui consiste dans l'élection faite parmi un certain nombre d'hommes désignés par l'hérédité.

De ces trois systèmes, quel est le plus primordial et le plus fondamental?

C'est l'élection.

Pourquoi?

Parce que le pouvoir, qui vient de Dieu, ne peut être, *non pas délégué,* mais transmis que par la communauté, sauf le cas d'une intervention immédiate de Dieu, comme dans la constitution de la théocratie mosaïque. L'élection, qui transmet le pouvoir, crée encore la forme sous laquelle il sera exercé : ainsi l'hérédité est elle-même dépendante de l'élection.

Quelle est la valeur respective de ces trois systèmes?

Chacun a ses inconvénients et ses avantages. L'élection est féconde en orages; elle amène de fréquents changements dans l'Etat; elle met périodiquement tout en question : c'est un perpétuel devenir. L'hérédité assure mieux la stabilité des nations, et permet plus de suite dans le gouvernement. Les publicistes disputent sur la valeur intrinsèque des trois systèmes. Il importe davantage de tenir compte de leur valeur relative, qui dépend du génie, des traditions et des conditions d'existence de chaque peuple.

Ici l'Eglise laisse aux catholiques la liberté d'opinion : elle n'impose à personne le mode de transmission du pouvoir qu'elle a adopté, pas plus que la forme de gouvernement qu'elle a reçue de son divin fondateur.

Que faut-il penser en particulier du système électif qui a prévalu à notre époque ?

En lui-même il n'offre rien de contraire au droit naturel ou au droit divin positif. Mais pour le bien juger il faut considérer la valeur de ceux qui l'appliquent et la manière dont ils procèdent.

De combien de manières le système électif peut-il fonctionner?

Il peut être oligarchique ou démocratique. Dans le premier cas, c'est l'élection par un petit nombre; dans le second, c'est l'élection par les masses.

Quel est le meilleur?

En principe, la raison, appuyée sur l'expérience, se prononce pour le système oligarchique, qui suppose une sélection opérée parmi les électeurs, pour en dégager les autorités sociales, c'est-à-dire les capacités, les positions et les influences utiles au bien public qui en découlent.

Le système démocratique n'est-il pas en réalité oligarchique?

Sans doute; car le système qui met en mouvement les masses est nécessairement dirigé par une oligarchie, qui est ou l'Etat ou un parti politique. Quand l'oligarchie dirigeante est composée de sectaires, alors on a le pire des systèmes électifs.

Quel jugement faut-il porter sur le suffrage universel, ou le système électif démocratique?

Le fait qu'il ne peut pas fonctionner tout seul est déjà une forte présomption contre lui. Il n'est jamais qu'une machine, dont le jeu et les résultats dépendent de la main qui s'en empare.

A quoi tient son impuissance?

Elle ne tient pas au nombre des individus mis en possession du droit de suffrage, mais à leur incompétence.

Le droit de suffrage est-il l'exercice d'un droit naturel, ou d'une fonction conférée aux citoyens par le législateur?

Au point de vue abstrait, les hommes étant égaux par leur origine et leur destinée, il semble que le droit de suffrage est un droit de nature. Au point de vue concret, les hommes étant très inégaux par les facultés et les vertus, ils ne sauraient exercer dans le corps social des influences égales. De là cette conclusion, que le droit de suffrage, s'il était un droit de nature *in radice*, serait un droit lié, et qu'en dernière analyse il est une fonction conférée par le législateur aux plus capables et aux plus dignes. Penser autrement c'est une absurdité : agir différemment c'est une folie.

Ne pourrait-on pas enlever au suffrage universel ses plus grands inconvénients sans l'abroger?

On obtiendrait ces résultats en substituant à la théorie du nombre la représentation des intérêts. Dans ce système, les groupes sociaux, tels que l'agriculture, le commerce, l'industrie, le travail, le clergé, l'armée, la magistrature, la science, nommeraient chacun un ou plusieurs députés, dont la somme composerait les assemblées politiques chargées de faire les lois et de diriger la chose publique. Alors la représentation nationale serait une vérité.

L'Eglise a-t-elle condamné le suffrage universel?

L'Eglise ne l'a pas condamné en tant que système électif. Mais elle a condamné les erreurs contenues dans la doctrine athée et révolutionnaire de la souveraineté du peuple, telle qu'elle est professée par une certaine école.

Quelles sont ces erreurs?

La première consiste à soutenir que le droit est tout entier dans le fait matériel, que la doctrine du devoir est vaine, et que tous les faits humains ont la force du droit. (*Syllabus*, prop. LIX.)

La seconde, que l'autorité n'est que la somme des forces matérielles (des voix) additionnées. (*Ibidem*, prop. LX.)

La troisième, que l'injustice, quand le succès l'accompagne (par les armes ou par le scrutin), n'est nullement contraire à la sainteté du droit. (*Ibidem*, prop. LXI.)

La quatrième, qu'il est permis de refuser l'obéissance aux princes légitimes, et même de se révolter contre eux. (*Ibidem*, prop. LXIII.)

La cinquième, que l'amour de la patrie justifie tous les crimes. (*Ibidem*, prop. LXIV.)

Toutes ces propositions sont déduites, directement ou indirectement, de la doctrine de la souveraineté du peuple.

Quoi qu'il en soit de ces questions, qui ne sont pas toutes des questions libres, quand le système électif fait partie des institutions nationales, y a-t-il obligation d'user du droit de suffrage dans l'intérêt de la patrie et de l'Eglise?

C'est une obligation de conscience, dont l'omission peut aller jusqu'au péché grave (1).

Dans quels cas cette obligation devient-elle encore plus urgente?

Lorsque le suffrage, abandonné aux masses aveugles, décide de tout dans l'Etat, et que ses décisions sans appel n'ont aucun contre-poids, ni du côté de l'opinion saine, étouffée sous le nombre, ni du côté d'un pouvoir public héréditaire, ni du côté d'un gouvernement issu de l'élection, mais indépendant, surtout lorsque le suffrage,

(1) Scavini : *Theologia moralis*, vol. I, pag. 420. Adnot. A. A. pag. 485. — Lehmkuhl. vol. 1, pag. 472. — *Casus conscientiæ*. Pars. 1ª, casus VI, pag. 138 et 139.

égaré par les sectaires, exploité par les ambitieux, est tourné contre la société dont il ébranle les assises, et contre l'Eglise dont il menace tous les droits (1).

Contre quelle vertu pèche celui qui, sans raison excusante, n accomplit pas le devoir électoral?

Il pèche contre la justice légale, qui demande qu'on procure le bien public dans la mesure des moyens dont on dispose.

Ce péché admet-il des degrés?

Il est mortel ou véniel, selon la responsabilité que chacun encourt dans les maux causés à la société et à l'Eglise par l'abstention des honnêtes gens. Cette responsabilité est proportionnée à l influence qu'on exerce dans le monde, par le rang qu'on occupe, par le talent, la fortune, le prestige qu'on possède. Les uns sont au sommet, les autres au milieu, le plus grand nombre au bas de l'échelle. La responsabilité décroît avec la position. Il suit de là que les inconscients, les ignorants. doivent être traités avec indulgence. Il en est autrement des autres.

Quelles sont les causes qui dispensent de remplir le devoir électoral?

Il y a des causes physiques, telles que l'absence, la maladie, des intérêts graves qu'on ne peut pas abandonner un jour sans les compromettre, etc. Il y a des causes morales qui sont : l'illégitimité

(1) Scavini : *Theologia moralis*, vol. I, pag. 420. Adnot. A. A pag. 185. — Lehmkuhl, vol. 1, pag. 472. — *Casus conscientiæ*. Pars 1ª. casus VI, pag. 138 et 139.

du gouvernement qui convoque les électeurs sans droit, la chance de renverser le gouvernement par l'abstention mieux que par le vote, le manque d'un bon candidat, ou un candidat qui n'a aucune chance, quoiqu'il fût louable de manifester en sa faveur pour l'exemple; un dommage personnel à craindre, tel que la perte de la vie ou de la position dont on a besoin pour vivre et pour élever sa famille; ici s'applique l'axiome : *Lex non obligat cum tanto incommodo.* L'impopularité, la haine des méchants, les vexations dont on sera l'objet, des retards à l'avancement dans la carrière qu'on a embrassée, la perte des faveurs qu'on obtient par des complaisances envers le pouvoir, ne sont pas des motifs suffisants de dispense. Un bon citoyen, surtout un catholique, doit faire son devoir, même quand il lui en coûte un peu de peine et des sacrifices qui ne sont pas héroïques.

Est-il permis de coopérer à l'élection d'un mauvais candidat, c'est-à-dire d'un candidat qui professe notoirement des doctrines antisociales sur la propriété, sur le mariage, sur l'école, sur les lois politiques, qui a toujours voté contre l'Eglise dans les assemblées où il a siégé, et qui ne donne dans sa profession de foi aucune garantie aux catholiques?

Une pareille coopération est une coopération formelle au mal : elle est intrinsèquement mauvaise, par conséquent défendue *semper et pro semper.*

De combien de manières peut-on coopérer à l'élection d'un mauvais candidat?

On y coopère en faisant l'éloge de l'homme

privé, tandis que l'homme public est détestable, comme ses actes le prouvent; en pérorant pour lui dans les réunions électorales qui précèdent le scrutin; en affichant et en distribuant ses professions de foi; en exerçant des pressions voisines de la violence sur les électeurs qui sont sous notre dépendance; enfin, en votant pour lui.

Entre ces divers modes de coopération, y a-t-il des degrés dans la culpabilité?

Oui, sans doute. Faire de la propagande pour un mauvais candidat, et lui gagner ainsi des voix, est plus grave que de lui donner seulement sa voix. Pérorer dans les clubs avec un certain talent, c'est plus que coller des affiches ou distribuer des professions de foi. La culpabilité est proportionnelle à la gravité de l'acte et à l'influence de celui qui le pose.

Quelles sont les causes excusantes dont il faut tenir compte pour l'estimation spéculative de cette culpabilité, et au tribunal de la confession?

Ici, comme pour l'abstention, il faut ranger parmi ces causes : l'ignorance des électeurs, leur entraînement par des embaucheurs sans vergogne, les pressions de toute sorte qui s'exercent sur eux de la part des administrations publiques et par le fait de patrons sectaires, qui placent leurs ouvriers entre un bulletin pour le candidat mauvais et l'exclusion de l'atelier le lendemain, s'ils refusent. Ces cas ne sont pas rares dans une démocratie centralisée et corrompue, dénuée des vertus que Montesquieu exige d'une république. S'ils permettent de dégager de la masse des électeurs pervertis de pauvres hères qui ne savent pas ce qu'ils font, et qui ne peuvent pas mieux faire quand ils le savent, ils sont la condamnation d'un système electif sans justice et sans sincérité, introduit par la révolution au profit d'un parti qui préfère son triomphe à l'intérêt national, et accepté par des dupes, ou par des impuissants qui ne peuvent pas s'en débarrasser, après avoir espéré qu'il servirait leur cause.

Quelle conduite doivent tenir les catholiques dans les élections?

Cette conduite doit varier selon les circonstances, sans jamais sacrifier les principes.

Que feront-ils entre deux candidats également mauvais au point de vue politique et religieux?

A défaut de candidat conservateur, — en prenant ce mot dans le bon sens — ils s'abstiendront.

Entre deux candidats dont l'un est très mauvais et l'autre moins mauvais, v g. un radical et un opportuniste?

Comme la différence des deux programmes est plutôt dans le procédé que dans le fond, ici encore l'abstention est obligatoire.

Les théologiens disputent sur la question de savoir s'il est permis de voter pour un candidat indigne afin d'en écarter un plus indigne. Les uns sont pour l'affirmative, en s'appuyant sur la théorie du moindre mal , les autres soutiennent la négative, en invoquant l'axiome : *Non sunt facienda mala ut eveniant bona.* Dans l'espèce, le bien n'est pas le bien : ce n'est qu'un moindre mal (1).

Entre un mauvais candidat et un candidat mal orienté en philosophie et en morale, libre-penseur et matérialiste, mais d'un caractère loyal, qui veut la liberté pour les autres comme pour lui, et qui s'engage de vive voix et par écrit à voter pour l'Eglise et contre les lois qui l'oppriment?

Les catholiques, qui n'ont que le choix entre ces deux candidats, voteront, sans hésiter, pour le dernier.

Entre un mauvais candidat et un autre douteux?

Il est permis de préférer le second au premier.

Entre un candidat douteux et un catholique?

C'est le catholique qui doit l'emporter.

Entre un candidat mauvais par ses opinions et un catholique incapable ou indigne?

On doit s'abstenir. Voter pour le mauvais candidat, c'est un scandale, voter pour un incapable, c'est inutile; pour un véreux, c'est peu édifiant. Cependant, on peut, on doit même porter le catholique incapable, qui est capable de bien voter en suivant son parti.

Entre un catholique intégral et un catholique libéral?

Le catholique intégral est de meilleure trempe : il rendra plus de services à l'Eglise. Il y a avantage, et par conséquent obligation, de lui donner

(1) *Casus conscientiæ*, vol. I, casus vi, pag. 151. — Lehmkulh, vol. I, pag. 473.

les voix. A moins que le catholique libéral n'ait plus de chances de passer au scrutin : dans ce cas, l'intérêt général demande qu'on vote pour lui.

Entre un catholique avant tout, et un monarchiste avant tout, disposé d'ailleurs à défendre les vrais principes en politique et en religion, et en particulier à demander l'abrogation des lois scélérates faites contre l'Eglise ?

Le catholique avant tout, dégagé de tout parti politique, et n'étant pas exposé à demander à l'Eglise des sacrifices au profit de son parti, est mieux préparé au combat ; il concentrera ses moyens sur un point qui est l'Eglise, avec ses droits; il déploiera plus d'ardeur; il se risquera davantage dans la mêlée, allant droit son chemin, sans s'arrêter à des considérations d'un ordre inférieur. Pour ces motifs, il doit l'emporter sur le monarchiste, qui est nécessairement divisé entre deux intérêts quelquefois contraires. Néanmoins, si le monarchiste est plus près du succès dans l'élection que le catholique militant, c'est à lui qu'on se ralliera.

Les clercs ont-ils des devoirs particuliers en matière électorale, à part ceux qui leur incombent comme citoyens ?

Les clercs qui ont charge d'âmes sont tenus d'instruire les électeurs de la paroisse de l'obligation de voter pour le candidat qui s'est engagé à soutenir les intérêts religieux dans les assemblées publiques; ils y sont tenus en vertu de leur office, et par conséquent *sub gravi.* Ceux qui n'ont pas charge d'âmes doivent le faire par charité. Les clercs sont les maîtres de la morale, qui est la science du devoir; c'est de leurs lèvres que les fidèles attendent la connaissance de la loi (1). Ils enseignent aux parents ce qu'ils doivent à leurs enfants, aux enfants ce qu'ils doivent à leurs parents, aux maîtres ce qu'ils doivent à leurs serviteurs, aux serviteurs ce qu'ils doivent à leurs maîtres; le développement du même précepte les amène à exposer le devoir social. La patrie et l'Eglise représentent des intérêts trop sacrés pour que les clercs les abandonnent aux caprices de la multitude incompétente et irresponsable, au moins devant les hommes.

S'il y a plus d'inconvénients que d'avantages à prêcher le devoir social en matière électorale, les pasteurs et les autres clercs ne sont-ils pas dispensés d'insister sur ce point?

En principe, ils en seraient dispensés dans cette hypothèse. Mais il faut distinguer entre des inconvénients personnels et des inconvénients pour la cause qu'on veut servir et qu'on compromettrait par ce système. Il faut mépriser les inconvénients personnels, car on ne sauve pas le monde sans souffrances. L'esprit apostolique ne s'accommode pas d'une certaine prudence, qui est la prudence de la chair (2), ni d'une certaine sagesse, qui s'inspire de motifs vulgaires ou coupables, et que Dieu réprouve (3). L'ordre ecclésiastique s'est dis-

(1) Malach., II, 7.
(2) *Rom.*, VIII, 6.
(3) I *Cor.*, I, 19.

tingué dans tous les temps par une intrépidité désintéressée, qui n'excluait pas la prudence. L'Apôtre nous enseigne que la folie de la croix a été la méthode choisie de Dieu pour racheter l'humanité (1). Des inconvénients pour la religion elle-même doivent être pris en sérieuse considération : mais ils sont difficiles à saisir à certaines heures. Le silence des clercs, quand l'Eglise est persécutée, scandalise les fidèles : il ressemble à l'indifférence ou à la complicité. Ce silence rend les âmes perplexes et bientôt défaillantes; tandis qu'il favorise les progrès du mal, qui devient chaque jour plus audacieux et plus tyrannique. Il faut admettre cependant que l'appréciation d'une telle situation appartient aux supérieurs. Les clercs seront en sûreté de conscience en suivant leurs instructions.

Quand le résultat des élections est connu d'avance, et que les avertissements sont inutiles, les clercs sont-ils dispensés de les donner?

Non, car il s'agit ici d'une exposition doctrinale, qui ne regarde pas un cas particulier, mais qui se rapporte à l'avenir. Le bien a ses stades : avant tout il doit commencer, pour continuer ensuite, sous l'action du temps et de la grâce de Dieu. Comment triompher de l'erreur, si on attend qu'elle nous donne la permission de l'attaquer, ou qu'elle se dissipe toute seule?

(1) I *Cor.*, I, 29.

CHAPITRE III

DES DÉPUTÉS

Qui peut être député?

L'homme capable et intègre.

Quelle doit être la science du député?

Les assemblées politiques s'occupant aujourd'hui de tous les intérêts, le député devrait avoir à la rigueur une science universelle. Cependant, il suffit qu'il ait assez de bon sens pour discerner où est la vérité, quand les spécialistes exposent les questions, à peu près comme il suffit qu'un juré comprenne les raisonnements des avocats, quoiqu'il ne soit pas jurisconsulte. Il doit en particulier connaître assez la constitution et les droits de l'Eglise pour mieux les défendre.

Un homme très inférieur par l'intelligence au mandat qu'on lui confie peut-il être député en conscience?

Oui, pourvu qu'il embrasse la bonne cause, et qu'il suive les instructions des chefs habiles qui le soutiennent.

Un homme distingué peut-il refuser les suffrages de ses concitoyens?

Il pèche, à moins qu'il n'ait des raisons sérieuses, surtout si la patrie et l'Eglise réclament son concours, ou encore s'il est la cause qu'un candidat mauvais prendra sa place.

Est-il permis d'accepter la candidature officielle?

Oui, si le gouvernement est bon, et s'il n'appuie un candidat que pour en écarter un autre mauvais.

Contre quelles vertus pèche un député qui, pour arriver, a écarté un candidat plus capable et plus intègre que lui?

Il pèche d'abord contre la justice légale, qui a pour objet le bien public; il pèche contre la justice commutative, s'il l'a supplanté par le mensonge, la calomnie, et des fraudes usitées en pareille rencontre.

Le député est-il lié vis-à-vis des commettants?

Il est lié par un contrat bilatéral, qui de sa nature crée des obligations réciproques pour les deux parties (1).

Un député radical doit-il remplir des promesses contraires au bien public et aux droits de l'Eglise?

Il ne devait pas faire de pareilles promesses. Mais elles ne l'obligent pas parce qu'elles sont un lien d'iniquité. S'il ne pensait pas ce qu'il disait, c'est un homme sans honneur et digne de tout mépris (2).

Quels sont les devoirs du député?

Ils sont de deux sortes, positifs et négatifs.

Quels sont les devoirs positifs du député?

Il doit coopérer par tous les moyens dont il

(1) Lehmkuhl, vol. I, pag. 474. — *Casus conscientiæ*. Pars prima, casus VII.

(2) Scavini : *Theologia moralis*, vol. II, pag. 445.

dispose à la confection des bonnes lois, afin de procurer à la société la plus grande somme de prospérité possible.

Qu'entendons-nous par bonnes lois?

Celles qui ne sont contraires ni au droit naturel, ni au droit divin, et qui correspondent aux besoins bien compris de la situation.

L'erreur est elle toujours imputable au député?

L'erreur ne lui est imputable qu'autant qu'elle est coupable dans la cause, ou qu'elle est voulue par malice, ce qui enlève à l'erreur son caractère pour en faire un calcul. La bonne foi, jointe aux difficultés de la matière, sont pour lui des excuses légitimes.

Que faut-il penser de l'abstention?

Dans le doute, l'abstention est permise : elle peut être obligatoire. Dans le conflit entre deux projets de loi, l'un évidemment mauvais, l'autre évidemment bon, l'abstention est un péché dont la gravité est en proportion de l'importance de l'intérêt en jeu : c'est trahir sa mission et tromper l'attente des électeurs. La crainte du gouvernement, des calculs d'ambition, et autres mobiles du même genre, ne sont pas des excuses. Si l'abstention est pratiquée pour éviter un plus grand mal, le cas rentre dans ceux qui ont été précédemment exposés.

Faut-il équiparer l'absence à l'abstention?

L'absence est la forme la plus énergique de l'abstention ; quand elle est involontaire, elle est innocente; quand elle est voulue, pour des motifs inavouables, et qu'elle exerce une influence sur le vote qui décide de la loi, elle est coupable (1).

Quels sont les devoirs négatifs du député?

Il ne doit coopérer pour aucun motif à la confection des mauvaises lois.

Quelles sont ces lois?

Celles qui sont contraires au droit naturel ou divin, et qui sont funestes au bien public et aux droits de l'Eglise.

Le député peut-il voter une loi moins mauvaise pour en écarter une autre plus mauvaise?

Il le peut, à la condition que cette loi n'est pas intrinsèquement mauvaise, et pourvu qu'il déclare hautement le motif pour lequel il la vote (2).

Le député doit-il se borner à ne pas voter les mauvaises lois?

Il doit encore les combattre dans la mesure de ses forces.

Quel est le péché d'un député qui vote des lois mauvaises, ou qui les laisse voter par l'abstention, ou par l'absence?

Ce péche est toujours grave *per se*, à cause des effets désastreux qu'il cause sur une grande échelle. L'ignorance et quelques autres circonstances peuvent l'atténuer.

Peut-on admettre des degrés dans la culpabilité?

Oui, sans doute. Comme dans les cas précédemment étudiés, la culpabilité est proportionnée à

(1) Lehmkuhl, vol. I, pag. 474.
(2) *Ibidem.*

l'influence du député et à son état d'esprit : proposer de mauvaises lois, en usant de l'initiative parlementaire, les élaborer dans les commissions, consentir à en être le rapporteur, leur donner à la tribune l'appui d'un talent de parole remarquable, intervenir dans le débat comme membre du gouvernement, et exercer dans l'assemblée des pressions considérables, voter simplement à voix basse, ou s'abstenir, voilà autant de rôles différents et inégaux auxquels correspondent différents degrés de culpabilité.

La responsabilité du député diminue-t-elle à mesure que le nombre des votants augmente?

La responsabilité légale est nulle, puisque le Parlement est souverain. La responsabilité devant l'opinion diminue effectivement, tandis que le nombre des votants augmente. Devant Dieu, la responsabilité du député se mesure à sa conscience : il est coupable de tout le mal qu'il a voulu faire ; à un autre point de vue, il n'est coupable que du mal qu'il a fait.

A quoi est tenu le député qui a voté des lois contraires au bien public et à la religion?

Il est tenu de réparer le scandale, en changeant d'opinion, en désavouant ainsi son passé, jusqu'à ce qu'il puisse provoquer l'abrogation des lois funestes qu'il a contribué à faire voter.

Quelles sont les peines canoniques qu'encourt le député qui vote contre les droits et les libertés de l'Eglise?

Il encourt l'excommunication majeure, dont l'absolution est réservée au Saint-Siège (1).

Le député de notre siècle encourt-il en réalité cette censure?

C'est peu probable, car il devrait, d'après la théologie, connaître cette censure : le plus souvent il l'ignore. Il est bon cependant de le lui rappeler, au risque de provoquer son dédain.

Quelles sont les obligations du député qui a voté la confiscation des biens de l'Eglise, même quand cette mesure odieuse est atténuée par des pensions servies aux membres de l'Eglise spoliée?

A part le recours au Saint Siège pour obtenir l'absolution de l'excommunication qu'il a encourue de ce chef, il est encore obligé de réparer le dommage qu'il a causé : l'Eglise a autant de droit qu'un simple particulier (2).

Est-il tenu également vis-à-vis des particuliers dont il a volontairement lésé les intérêts?

Les mêmes raisons existent dans ce cas comme dans l'autre.

Si son vote n'a exercé aucune influence sur le vote général déjà acquis?

Il n'est tenu à rien.

Si son influence a été moindre que celle de beaucoup d'autres?

Il est tenu au prorata de son influence.

(1) Constit. *Apostolicæ Sedis*, I, VII.
(2) Concil. Trid. Sess. 22. Decr. de Reformat. cap. XI.

Si cette influence est douteuse?

Dans les Parlements modernes, le vote étant souvent secret et simultané, la part d'influence de chaque député paraît certaine. Si quelques circonstances rendaient cette part d'influence douteuse, il serait tenu au prorata du doute. Mais les théologiens disputent sur ce point ; on peut embrasser une opinion probable (1).

En pratique, comment se comportera le confesseur vis-à-vis du député qui s'est rendu coupable de ce péché?

Il lui rappellera l'obligation où il est de réparer le dommage. Si le dommage est irréparable, il lui imposera des œuvres satisfactoires dans la mesure de ses facultés. S'il s'agit du bien de l'Eglise, il demandera un indult au Saint-Siège. Si l'Etat détient encore ces biens, il en provoquera la restitution ; s'ils ont été aliénés, il créera un mouvement d'opinion en faveur d'une indemnité que l'Etat est toujours en mesure d'accorder, témoin la restitution que la Prusse a faite au clergé catholique de tous les traitements indûment retenus pendant le kulturkampf ; témoin le milliard distribué aux émigrés par la Restauration. Si le député détient lui-même une partie des biens confisqués, il se hâtera de les restituer.

Dans le Parlement, la Droite, composée de conservateurs et de catholiques, peut-elle voter avec la gauche, où siègent les révolutionnaires et les impies ?

Rien n'empêche, à la condition d'éviter toute

(1) *Casus conscientiæ.* Pars prima, casus VII.

coalition immorale. Le vote de la gauche peut être bon *per accidens* : pourquoi ne pas s'y rallier?

S'il n'y a pas d'entente préalable, et que les deux côtés du Parlement se rencontrent avec des vues différentes, la Droite est en règle devant la conscience. Une coalition pour renverser un ministère, si ce ministère est mauvais, et qu'à Droite on ait l'espoir de le remplacer par un meilleur, est chose parfaitement permise. Dans le mécanisme des gouvernements modernes, le renversement d'un ministère n'est pas une révolution, et n'est pas comparable dans les résultats à une insurrection contre l'autorité légitime par la force des armes. Ce que les théologiens enseignent touchant l'insurrection ne s'applique pas à l'espèce.

CHAPITRE IV

DES JOURNAUX

Quelle opinion faut-il se former sur les journaux, au point de vue intellectuel?

Il est permis de penser que ce nouveau genre de littérature ne profite pas, en somme, à l'esprit humain. Malgré l'incontestable talent que plusieurs écrivains ont déployé, ils n'ont produit que des œuvres rapides et superficielles, des pages plutôt que des œuvres, qu'on peut mettre en volume, et qui ne sont jamais des livres. Les exigences de la lutte quotidienne ne permettent pas, même aux penseurs vigoureux, de creuser une question : le papier de journal ne peut pas porter des aperçus trop philosophiques. La langue elle-même s'est ressentie de ces conditions défavorables ; pour saisir le lecteur elle s'est enrichie de néologismes qui frisent l'argot, et de tournures pleines de sans-façon, qui ne seraient pas admises à l'Académie ou au barreau. A mesure que l'esprit démocratique se développera, le ton des journaux baissera encore, pour flatter les masses. La décadence est commencée : elle ne s'arrêtera pas. On devine l'effet des journaux sur le tempérament intellectuel d'une nation : en vulgarisant toutes les idées, ils les mettent à la portée de tous, comme une autre denrée, pour quelques centimes : ils rendent le public superficiel et pédant.

Que dites vous des journaux au point de vue politique?

Dans l'ensemble, ils sont un désastre. La liberté de la presse, contenue dans de justes limites, aurait pu rendre des services : ces limites sont encore à trouver. Une expérience déjà séculaire démontre que cette institution, telle qu'elle est comprise et mise en œuvre par nos contemporains, est l'instrument le plus puissant pour renverser les gouvernements; aussi ils tombent les uns sur les autres, mêlant leurs ruines, et poursuivant une stabilité qui est devenue une chimère. Tous les gouvernements modernes vivent de l'opinion : l'opinion se modifie à chaque instant sous leurs pieds, comme les flots changent au souffle des vents. Ces journaux prétendent indiquer l'opinion ; mais ils la font; voilà pourquoi ils la défont si aisément. Pour se défendre contre l'opinion, ou pour la diriger, les gouvernements ont créé la presse officielle : c'était leur droit; mais cette presse vaut tout juste ce que valent ces gouvernements, c'est-à-dire peu ; le remède est souvent pire que le mal.

Que dites-vous des journaux au point de vue religieux et moral?

Sous ce rapport, les journaux ne sont ni bons ni mauvais; on peut les ranger parmi les choses indifférentes, pour lesquelles tout dépend de l'usage qu'on en fait.

Faut-il ranger sous la rubrique des choses indifférentes la liberté de la presse telle qu'elle est inscrite dans les Constitutions modernes?

Non, car la liberté de la presse, en matière de religion et de mœurs, est condamnée par l'Eglise, comme la liberté de conscience dont elle est une application.

Quels sont les monuments doctrinaux où cette condamnation est contenue?

Depuis un siècle, les papes sont occupés à lancer des anathèmes sur cette erreur, si féconde en résultats détestables. Il faut citer en particulier l'Encyclique *Mirari vos* de Grégoire XVI (15 août 1832); la Proposition LXXIX du *Syllabus*, extraite de l'allocution de Pie IX au Consistoire du 25 décembre 1856; l'Encyclique *Immortale Dei* et *Humana libertas* de Léon XIII.

Faut-il voir dans ces monuments la condamnation de la liberté exagérée *de la presse, non pas celle de la liberté* modérée, *comme certains catholiques le prétendent?*

La distinction n'est pas admissible; car outre que les papes ne l'ont pas faite, il faudrait savoir ce qu'on entend par modération dans l'usage de la liberté de la presse. Les fractions du mal sont défendues comme le mal intégral. Rien n'indique que les pontifes romains aient voulu amnistier le mal modéré en matière de presse; tout prouve le contraire.

Un catholique peut-il être partisan de la liberté de la presse, entendue à la façon moderne?

En thèse générale, il ne saurait l'être sans pécher contre la foi.

Et par hypothèse?

Les circonstances l'autorisent peut-être à soutenir qu'il est difficile et dangereux de toucher à la liberté de la presse, qui est dans les mœurs de tous les peuples, comme dans leurs Constitutions : il ne saurait prétendre qu'on ne peut pas prévenir ou réprimer ses plus criants excès. Il peut se prononcer pour la tolérance, vu l'impossibilité de faire autrement. Mais ce n'est pas là être partisan de la liberté de la presse : on n'aime pas — du moins on ne doit pas aimer — ce qu'on est obligé de tolérer; car on ne tolère que ce qui est mauvais.

Un clerc peut-il enseigner en chaire, ou dans les livres, que les libertés modernes, telles que la liberté de conscience, la liberté des cultes, la liberté de la presse, ne sont pas incompatibles avec la doctrine catholique?

Ce clerc ferait de la mauvaise théologie.

A ce point de vue, peut-il se proclamer moderne?

Ce moderne serait hérétique.

Les bons journaux réparent-ils le mal des mauvais journaux?

Ils le diminuent : ils ne le réparent pas. Pour ce motif, la liberté de la presse profite au mal plus qu'au bien; la demander, quand elle n'existe pas, c'est un crime; l'acclamer, quand elle existe, c'est une duperie; s'y résigner et en tirer tout le parti possible, c'est ce que dicte la théologie et la raison.

Étant donnée la liberté de la presse, quelles sont les différentes coopérations qui se rencontrent dans la création et la diffusion des journaux, et les responsabilités qui en résultent quand ces journaux sont mauvais?

On distingue : 1° les capitalistes bailleurs de

fonds; 2° les actionnaires ou obligataires; 3° les écrivains, rédacteurs en titre, ou collaborateurs de circonstance; 4° les éditeurs et les imprimeurs; 5° les vendeurs; 6° les abonnés; 7° les lecteurs assidus ou d'occasion; 8° les annonces commerciales.

Toutes les coopérations, matérielle ou formelle, directe ou indirecte, à un mauvais journal, sont-elles interdites? ont-elles toutes la même gravité?

En règle générale, elles sont toutes interdites : elles n'ont pas toutes la même gravité.

Qu'est-ce qu'un mauvais journal?

C'est celui qui a mis dans son programme de combattre les principes sociaux, tels que l'autorité, la propriété, la famille, la religion et la morale. Ici c'est l'habitude qui décide de la qualité : les actes isolés ne comptent pas. Il faut appeler du même nom certains journaux mondains, qui se disent conservateurs, mais qui agissent comme dissolvants par le scepticisme élégant qu'ils distillent, mêlant le plaisant au sévère, le sacré au profane, la morale à l'immoralité, ayant le soin d'être propres, et même vertueux, une fois dans la quinzaine, pour mieux retenir la clientèle délicate. On ne met pas sur la même ligne des journaux qui, en politique, en économie sociale et autres matières, soutiennent des systèmes un peu risqués, sans aller jusqu'à attaquer les vrais principes.

Un financier qui fournit l'argent pour créer un mauvais journal; les capitalistes qui deviennent membres d'une société civile destinée à soutenir ce journal, qui en sont les administrateurs, les actionnaires, ou les obligataires, pèchent-ils toujours grièvement et sans circonstances atténuantes?

Oui. Les théologiens sont unanimes pour les condamner : aucune excuse ne pouvant être invoquée en leur faveur.

Et les directeurs du journal?

Ils sont aussi coupables.

Et les rédacteurs?

Les rédacteurs en chef sont dans le même cas. Les collaborateurs attitrés n'en diffèrent guère; si cependant la partie du journal dont ils sont chargés a pour objet des questions sans rapport avec la religion et la morale, v. g. des questions économiques, ou littéraires, ou militaires, ou artistiques, leur coopération au mal étant moins formelle, nulle même intentionnellement, leur culpabilité diminue.

Un écrivain catholique qui collabore habituellement à un mauvais journal, pour la question religieuse, morale et sociale, semble à première vue faire une œuvre méritoire, exercer une sorte d'apostolat. Il peut exister telle situation qui rendrait ce concours légitime : ainsi un apologiste de la foi serait autorisé à insérer des articles dans une Revue doctrinale pour réfuter les erreurs qu'elle professe. Ordinairement, les articles sérieux qu'on écrit dans un mauvais journal ne servent qu'à lui donner un bon renom, et à tromper les abonnés naïfs qui ne comprennent pas ce jeu. Un écrivain catholique doit donc renoncer à une pareille promiscuité.

Per accidens, avec une raison suffisante, à cause de la grande publicité d'un mauvais journal, dans l'intérêt d'une bonne œuvre, on peut réclamer son concours.

Un catholique, qui a été attaqué, diffamé par un pareil journal, a le droit d'exiger l'insertion de sa réponse, conformément à la loi.

Que dites-vous de l'éditeur, de l'imprimeur et du vendeur d'un mauvais journal?

L'éditeur est plus coupable que l'imprimeur. Quand il s'agit d'un journal, non pas d'un livre, le rôle de l'éditeur se confond avec celui du directeur et de l'administrateur : sa culpabilité est la même. L'imprimeur ne prête à l'œuvre du mal qu'une coopération matérielle : elle est coupable. Cependant les théologiens font des cas, assez chimériques d'ailleurs, dans lesquels un imprimeur pourrait prêter ses presses, par exemple, s'il était menacé de mort : en règle générale il doit renoncer à cette industrie. Les auteurs ont passé en revue tous les emplois des ouvriers typographes, cherchant à graduer leur culpabilité, selon que leur coopération est plus ou moins éloignée. On peut voir cette casuistique moléculaire, à laquelle nous ne nous arrêtons pas, dans les *Casus conscientiæ* (1). La coopération du vendeur est la plus éloignée : elle est encore contraire à la morale. La pauvreté, les pressions qu'on exerce sur l'enfant ou sur la femme atténuent la faute. On peut tolérer qu'ils continuent une vente illicite jusqu'à ce qu'ils

(1) Pars prima, casus v, pag. 112.

aient trouvé un autre gagne-pain. Mais ils sont obligés d'y renoncer.

Que dites-vous de l'abonné?

L'abonné d'un mauvais journal pèche grièvement, parce qu'il contribue à sa prospérité; car l'abonnement est une des sources de revenu qui aident un journal à vivre. La raison suffisante n'est pas obvie, même pour le publiciste qui le combat, parce qu'il peut se le procurer par d'autres moyens.

Et le lecteur ?

Le lecteur quotidien ou habituel est presque un abonné. Il pèche en exposant sa foi ou sa vertu; il pèche encore parce qu'il donne à un mauvais journal du débit et de la réputation. Le lecteur d'occasion n'est pas dans le même cas; il ne pèche pas, s'il n'y a ni péril pour lui ni scandale pour les autres; à plus forte raison s'il a une raison suffisante pour connaître le génie de ce journal, ou tel article en particulier qui fait sensation, et que l'homme qui suit une situation doit connaître.

Est-il permis à un négociant d'insérer des annonces ou des réclames dans un mauvais journal?

La raison ne paraît pas suffisante. On est placé ici entre l'intérêt supérieur de la société et de la religion, et l'intérêt vulgaire d'une maison d'affaires : il faut sacrifier le second au premier. Comme le journal vit par l'annonce autant que par l'abonnement, l'insertion de l'annonce est une coopération presque égale à celle de l'abonnement.

Il faut ajouter ici que, *per accidens*, et avec des

motifs extraordinaires, ce qui est défendu pourrait être toléré une fois.

Ce même négociant est-il autorisé à s'abonner à un mauvais journal, parce que ce journal est mieux renseigné, et plus rapidement, sur les affaires commerciales, le prix des marchandises, etc.?

Il est difficile d'admettre qu'un journal ait le monopole des nouvelles, à ce point qu'il soit indispensable aux négociants. Les affaires ne se traitent pas avec la promptitude de la foudre : le télégraphe d'ailleurs appartient à tout le monde; la situation du marché est bientôt communiquée à toutes les extrémités du pays. Le prétexte qu'on invoque n'est donc pas une raison.

Le directeur d'un établissement qui a une clientèle mêlée, où toutes les opinions politiques et religieuses sont représentées, est-il autorisé à recevoir tous les journaux?

Il semble que la conscience ne s'accommode pas du mélange du bien et du mal; car le bien n'empêche pas le mal d'être tel, et ne donne pas le droit de l'accomplir. Dans un établissement, on ne peut pas louer des appartements à double fin : dans un journal, un bon article ne justifie pas le mauvais : dans un établissement public, un bon journal n'amnistie pas le mauvais. Telle paraît être la doctrine rigide. Certains moralistes connaissent l'art de tirer les gens d'affaire au moyen de certaines distinctions. Ceux qui seront dans l'embarras n'ont qu'à aller frapper à ces enseignes.

Ce qui est dit des établissements s'applique à la promiscuité de la vente, pour les mêmes raisons.

CHAPITRE V

DES FONCTIONNAIRES

Qu'est-ce qu'un fonctionnaire?

C'est un homme qui reçoit de l'Etat les pouvoirs nécessaires à l'exercice de sa charge, et un salaire pour prix de ses services.

Faut-il ranger le prêtre parmi les fonctionnaires?

Non, car il ne reçoit de l'Etat ni ses pouvoirs ni son salaire.

Les Concordats, qui règlent les rapports de l'Eglise et de l'Etat, ont-ils changé la nature des choses?

Non, car le droit conféré à l'Etat, *ex indulto*, de nommer les membres de la hiérarchie ecclésiastique à un certain nombre des bénéfices n'est pas l'institution canonique, unique source des pouvoirs spirituels; le traitement que l'Etat sert aux curés et aux évêques n'est pas un traitement dans le sens ordinaire du mot : c'est une indemnité pour les biens que la Révolution confisqua au clergé à la fin du dernier siècle.

Que faut-il penser des prétentions que les laïques élèvent de nos jours touchant le gouvernement des affaires de l'Eglise?

Ces prétentions mal fondées sont un outrage et une menace. Elles révèlent, chez les uns, l'ignorance, chez les autres, l'esprit de secte.

Quelle doit être l'attitude du clergé devant cette situation?

En respectant les pouvoirs établis, sans rechercher leur origine, en obéissant aux lois justes, il doit affecter une noble et sainte indépendance, et se souvenir des luttes séculaires que l'Eglise a soutenues pour sauver sa liberté. Le désintéressement lui rendra facile l'accomplissement d'un devoir qui n'admet pas de dispense, parce que les plus sérieux intérêts en dépendent.

Est-il permis aux laïques de remplir des fonctions publiques?

En règle générale, les laïques peuvent en conscience remplir les fonctions publiques : dans certains cas, ils y sont obligés en vertu de la justice légale, qui a pour objet le bien public.

Quelles distinctions faut-il établir en cette matière?

Ces distinctions portent d'abord sur les gouvernements, ensuite sur les fonctions.

Quels sont les différents gouvernements qui intéressent la conscience?

A ce point de vue, on compte : le gouvernement légitime, le gouvernement illégitime, le mauvais gouvernement, qui peut être tel même en étant légitime dans son principe.

Qu'est-ce qu'un gouvernement légitime?

C'est celui qui est conforme à la Constitution du pays.

Qu'est-ce qu'un gouvernement illégitime?

C'est celui qui est contraire à la Constitution du pays.

Le changement de la Constitution peut-il faire qu'un gouvernement légitime cesse de l'être, et qu'un gouvernement illégitime devienne légitime?

On peut répondre affirmativement, moyennant deux conditions : la première, que le changement de Constitution sera opéré par les autorités sociales, seules compétentes ; la seconde, qu'il ne sera pas contraire aux intérêts bien entendus du pays.

Ces conditions se rencontrent-elles aisément dans l'histoire des révolutions politiques?

Elles sont à peu près chimériques. Presque toujours la violence tient la place de la sagesse, et la passion égoïste celle du vrai patriotisme. Quelques meneurs ne furent jamais mis au rang des autorités sociales; la foule, qui est le nombre, n'est pas nécessairement le pays, expression géographique à l'usage des entrepreneurs de révolutions, que dans la langue moderne on appelle des politiciens, d'après le vocabulaire des Américains devenus nos maîtres dans l'art funeste de bouleverser les nations chaque matin.

Quels sont les résultats des changements fréquents de Constitution?

La confusion, l'instabilité, la décadence. La Constitution d'un pays est son tempérament : on ne change pas de tempérament par fantaisie. Nul n'a le droit de se suicider : un pays pas plus qu'un homme.

Qu'est-ce qu'un gouvernement de fait?

C'est celui qui succède à un gouvernement de droit.

Peut-il être légitime?

Il peut l'être d'une légitimité provisoire, en attendant le rétablissement du gouvernement légitime; car la vie sociale ne peut pas être suspendue ; et l'ordre, qui est son essence, a besoin d'un gouvernement pour exister.

Un gouvernement illégitime peut-il devenir légitime par la force de la coutume?

La coutume peut produire cet effet, quand elle est revêtue d'un certain nombre de conditions. Une de ces conditions, c'est le consentement, au moins négatif, du représentant du gouvernement légitime, ou par abdication personnelle, ou par l'extinction de sa race.

Le consentement tacite, lent et successif de la grande majorité des citoyens, suffit-il pour légitimer un gouvernement illégitime dans sa source?

La volonté nationale, quand elle est intelligente et sincère, étant la voie normale de la transmission du pouvoir, elle a une efficacité complète pour opérer cette transformation.

Faut-il se hâter de reconnaître comme légitimes tous les pouvoirs d'aventure qui se succèdent avec rapidité dans un pays bouleversé par les révolutions?

Cette conduite ne serait ni patriotique ni chrétienne. La réserve qu'observent les âmes nobles dans les temps malheureux est l'espérance des nations.

Quels sont alors les devoirs des catholiques?

Ils doivent obéir aux pouvoirs établis, dans tout ce qui n'est contraire ni à la conscience ni à leurs droits, et pratiquer la politique d'attente.

L'Eglise impose-t-elle aux catholiques l'adhésion de l'esprit aux pouvoirs issus des révolutions?

L'Eglise n'impose l'adhésion de l'esprit qu'à l'enseignement dogmatique et moral et à sa discipline. Elle ordonne l'obéissance en conscience aux pouvoirs établis, ce qui n'emporte pas l'adhésion de l'esprit. Il s'agit ici de justice légale.

Peut-on trouver des preuves pour démontrer la nécessité de l'adhésion de l'esprit aux pouvoirs établis, quels qu'ils soient, dans l'Encyclique Immortale Dei *touchant la constitution chrétienne des Etats?*

On ne saurait l'entreprendre sans forcer les textes, et sans altérer la doctrine.

Qu'est-ce qu'un mauvais gouvernement ?

C'est celui qui blesse les droits tant spirituels que temporels des citoyens, qui met en péril les intérêts sacrés de la patrie au dedans ou au dehors, et qui persécute, ouvertement ou avec hypocrisie, la sainte Eglise, en amoindrissant ou en empêchant tout à fait l'exercice de ses droits et ses justes influences, en lui arrachant jusqu'aux biens qu'elle possède à juste titre. Un tel gouvernement, fût-il légitime à son origine, devient illégitime par ses excès, parce qu'il est contraire au bien public.

Donnez le tableau synoptique des fonctions publiques?

Ces fonctions sont politiques, provinciales ou municipales, selon qu'elles sont exercées dans la sphère générale de l'Etat, ou dans celle plus restreinte des départements et des communes.

Les fonctions politiques sont politiques *stricto*

sensu, militaires, judiciaires, administratives, financières, universitaires ou pédagogiques, avec toutes leurs ramifications les plus lointaines.

Les fonctions provinciales et municipales n'admettent pas les mêmes subdivisions, malgré la variété des objets qu'elles embrassent. On peut les considérer en elles-mêmes, ou dans leurs rapports avec les fonctions politiques. Ce dernier point de vue a une grande importance pour la casuistique.

Quelle est la vraie question dans l'espèce?

Il ne s'agit pas de savoir s'il est permis de remplir des fonctions publiques sous un gouvernement légitime, soit par son origine, soit par la moralité de ses actes : ce point a été résolu plus haut : il ne fait difficulté pour personne. Mais on demande si cette permission s'étend aux fonctions publiques remplies sous un gouvernement illégitime, soit par son origine, soit par l'immoralité de ses actes ; si elle s'étend à toutes les fonctions ou à quelques-unes seulement ; et dans le cas où elle serait refusée, si l'interdit les frappe toutes ou quelques-unes, et dans quelle mesure. On voit que c'est ici une nouvelle application des principes généraux de la coopération, qui pour ce motif doivent être présents à notre esprit.

Est-il permis de remplir des fonctions publiques sous un gouvernement illégitime par son origine, et qui d'ailleurs n'est pas immoral dans ses actes?

Quoique de prime abord ces deux suppositions semblent contradictoires, néanmoins il peut arriver qu'au lendemain d'une catastrophe sociale, il sorte de terre un gouvernement purement provisoire, qui réserve l'avenir, et n'ait d'autre programme que de rétablir l'ordre ébranlé. Dans ces conditions, il est permis de remplir les fonctions publiques que le souverain légitime n'interdit pas à ses sujets fidèles, surtout si cette coopération doit servir à ramener la nation à ses véritables traditions, et préparer la revanche du droit. C'est ainsi que depuis l'invasion des Etats pontificaux par les Piémontais, le Saint-Siège a défendu aux catholiques de prendre part au gouvernement des usurpateurs en se mêlant aux élections politiques, tandis qu'il les a autorisés à remplir les fonctions purement provinciales ou municipales (1).

Dans ce cas, que faudrait-il penser de l'abstention systématique des catholiques?

Elle serait blâmable, soit qu'elle eût pour principe l'indifférence, soit qu'elle fût le résultat de la subordination de l'intérêt social, et surtout de l'intérêt religieux, à l'intérêt politique mal entendu (2).

Est-il permis de remplir des fonctions publiques sous un gouvernement mauvais, c'est-à-dire dont le programme est contraire aux droits des citoyens et surtout à ceux de l'Eglise?

La réponse à cette question doit varier selon que les fonctions qu'on remplit constituent une coopération formelle ou simplement matérielle à l'œuvre d'iniquité. Dans les deux cas, la culpabilité admet

(1) S. Pœnitentiaria, 10 décembre 1860.
(2) Encyclique *Immortale Dei*.

des degrés selon que la coopération est plus ou moins immédiate et efficace : elle peut être nulle dans certaines circonstances.

Quelles sont les fonctions les plus dangereuses, au point de vue de la conscience, sous un gouvernement mauvais et persécuteur?

Ce sont les fonctions politiques *stricto sensu*, car elles constituent le gouvernement lui-même. Nous avons déjà vu les péchés que commettent les membres des Chambres législatives, en proposant, en défendant, en votant de mauvaises lois.

Le chef du pouvoir exécutif doit-il opposer le veto dont la Constitution lui confère le droit à des lois contraires à l'intérêt social et aux prérogatives de l'Eglise?

Il y est tenu, sous peine de partager devant l'opinion saine, devant l'histoire et devant Dieu, la responsabilité de législateurs insensés.

Trouve-t-il, pour s'en dispenser, une excuse dans la raison d Etat.

La raison d'Etat n'excuse jamais une prévarication. Il faudrait d'ailleurs savoir ce qu'on entend par raison d'Etat : l'amour de la popularité, le désir de conserver l'autorité, et d'autres avantages du même ordre, ne sauraient être rangés sous la rubrique de la raison d'Etat. Si on veut éviter une révolution, il faut répondre que le veto du chef du pouvoir exécutif n'aboutit pas nécessairement à un pareil désastre. En provoquant de nouvelles délibérations des Assemblées législatives on peut exercer sur elles de salutaires influences, et ramener les esprits à des idées plus sages. On peut en appeler de l'opinion des législateurs à celle du pays, quelquefois mieux inspiré. Sous une monarchie héréditaire, le souverain dispose d'une force considérable, qu'il doit mettre au service de la bonne cause. Un chef électif, quand il le veut, n'est pas un pur automate. Vaincus par le scrutin, les souverains ou les présidents doivent se démettre plutôt que de se soumettre à ce que la conscience et l'honneur leur interdisent.

Le chef du pouvoir exécutif peut-il invoquer son irresponsabilité, quand elle est inscrite dans la Constitution?

L'irresponsabilité légale n'empêche pas la responsabilité morale, quoiqu'elle la diminue.

Quel modèle peut-on offrir aux chefs d'Etat, rois ou présidents, dans les temps modernes?

Garcias Moreno. Quand le pouvoir est devenu un poste d'honneur, parce qu'il est périlleux, il ne faut pas le prendre ou l'accepter, si on n'est pas capable de mourir pour faire son devoir.

Après le chef du pouvoir exécutif, quelles sont les personnes dont les fonctions sont inacceptables en conscience, sous un mauvais gouvernement?

Ce sont les ministres, qui sont les organes d'un gouvernement supposé mauvais.

Tous les ministres ont-ils la même responsabilité dans les iniquités commises par un pareil gouvernement?

Oui, si on les prend *in globo*, délibérant ensemble, et arrêtant les programmes qu'ils font voter par les Chambres, que le chef du pouvoir exécutif approuve et promulgue, et qu'ils font exécuter, chacun dans son département. Cette responsabilité est plus grande pour le président du Conseil, et pour ceux de ses membres qui exercent par leur position et leur talent une influence particulière sur les affaires publiques.

Pris isolément, les ministres ont-ils la même responsabilité sous un mauvais gouvernement?

Non, sans doute, car leurs fonctions ne sont pas toujours des coopérations formelles et directes aux iniquités de ce gouvernement. Ainsi, le ministre de la guerre s'occupe de l'armée; le ministre de l'agriculture et du commerce, des intérêts matériels du pays; le ministre de l'instruction publique, des établissements d'éducation; le ministre des finances, du budget national; le ministre des affaires étrangères, des relations extérieures; le ministre de la justice, de la défense des droits des particuliers et de l'Etat. Le ministre de l'intérieur est celui qui fait le plus de politique, et de la mauvaise politique : c'est l'hypothèse. Les autres en font *per accidens*, et non pas pour leur gloire. C'est ainsi qu'en France le ministre de la guerre a prévariqué en proposant la loi du recrutement, qui étend aux clercs le service militaire; le ministre des finances, en soutenant le droit d'accroissement, le ministre de l'instruction publique, en laïcisant les écoles sur l'ordre de la Franc-maçonnerie.

Telles sont les fonctions strictement politiques.

Les fonctions militaires sont-elles interdites par la conscience sous un mauvais gouvernement?

Ces fonctions ne sont pas des fonctions comme

les autres; elles constituent un service public, tout d'honneur et de dévouement, qui se rapporte plus à la patrie qu'à l'Etat. Pour le simple soldat, ce service est obligatoire et par conséquent sans responsabilité. Pour l'officier, il est une vocation, une carrière librement embrassée. Mais l'officier ne fait pas de politique; il peut faire son métier avec tranquillité, à la condition de n'exécuter aucun ordre injuste ou immoral, s'il le recevait.

Quand le général de Sonis envoya sa démission à son chef hiérarchique, pour ne pas prendre part à l'expulsion des religieux, en 1880, fit-il son devoir?

Plus que son devoir; car il n'était chargé que de faire régner l'ordre dans la rue; il n'expulsait pas; il assistait l'agent de police chargé de cette triste besogne. Mais les exemples des héros ne sont pas inutiles, surtout aux époques de décadence. Les âmes ont tant besoin d'être aidées, non pas pour être sublimes, mais simplement correctes.

Mettez-vous les fonctions judiciaires sur la même ligne?

Ces fonctions sont, à quelques égards, indépendantes de l'Etat, et uniquement subordonnées à la loi, qui est supérieure à l'Etat, c'est-à-dire au gouvernement. Le magistrat est comme le soldat, il définit le droit; il le défend, il le venge s'il est violé : il ne fait pas de politique. En restant dans sa sphère, il peut en conscience remplir ses fonctions, même sous un mauvais gouvernement.

Ce magistrat peut-il requérir l'application d'une loi injuste, ou l'appliquer en effet?

Non, car il partagerait la culpabilité du député qui l'a votée, et du chef de l'Etat qui l'a promulguée.

Peut-il entrer dans les vues d'une politique tracassière ou franchement persécutrice?

Il doit opposer la loi, quand elle est juste, aux exigences tyranniques du gouvernement, rendre des arrêts et non pas des services.

Comment se comportera-t-il s'il est placé entre sa conscience et son devoir professionnel?

Il ne siégera pas. Si ce moyen est insuffisant, il n'hésitera pas à sacrifier la position au devoir.

Que pensez-vous des fonctions de l'ordre financier?

Ce sont les plus innocentes, celles qui permettent le mieux de servir un mauvais gouvernement, sans coopérer, autrement que d'une coopération matérielle et licite, à ses injustices : à moins que la politique ne s'y glisse.

Un directeur du bureau de l'enregistrement peut-il prélever le droit d'accroissement sur les congrégations religieuses?

Comme ce droit est contraire au droit naturel, et même au droit civil, il ne saurait en poursuivre le paiement sans péché. Il ne peut pas invoquer pour excuse le devoir professionnel, car il vaut mieux obéir à Dieu qu'aux hommes.

Peut-il accepter le droit d'accroissement si les congrégations religieuses consentent à le payer, selon cet adage : scienti et volenti non fit injuria?

Il faudrait rechercher d'abord si la volonté de ces contribuables est libre ou contrainte.

Que pensez-vous des fonctions universitaires de l'enseignement public ?

Elles doivent être appréciées d'après les principes qui ont été exposés à propos de l'école, au chapitre II de la section II. Par elles-mêmes distinctes de la politique, et licites *positis ponendis*, même sous un mauvais gouvernement, elles perdent ce caractère de neutralité quand l'Etat en fait un instrument de règne et de persécution. Alors la conscience ne permet pas de les remplir.

Et les fonctions administratives ?

Ce sont les plus voisines de la politique, avec laquelle elles se confondent : tant vaut la politique, tant valent ces fonctions.

Un préfet pouvait-il exécuter les décrets d'expulsion rendus contre les congrégations religieuses ?

Les décrets étant injustes, contraires aux droits primordiaux de l'Eglise, au Concordat, et même aux lois constitutionnelles, il devait se refuser à remplir un pareil mandat.

Est-il toujours licite d'accepter ou de conserver des fonctions neutres ou indifférentes de leur nature, sous un mauvais gouvernement ?

Il faut une raison suffisante, telle que le besoin de vivre, la difficulté de trouver un autre emploi, l'espérance de faire quelque bien, et la crainte de céder la place aux méchants, etc.

La responsabilité qu'encourent les hauts fonctionnaires, aux ordres de ministres révolutionnaires et persécuteurs de l'Eglise, s'étend-elle à leurs subordonnés ?

La responsabilité diminue à mesure qu'on descend les degrés de la hiérarchie, parce que la coopération devient de plus en plus indirecte et faible : cependant, elle n'arrive pas à zéro. Ceci s'entend des fonctionnaires proprement dits; car les simples employés de ces fonctionnaires, tels que les scribes, commissionnaires et autres famuli, outre qu'ils ont une raison suffisante pour rester à leur poste, ils n'exercent aucune influence mauvaise qui puisse leur être imputée; voués à une tâche matérielle, ils font ce que d'autres feraient le lendemain, s'ils sortaient des bureaux.

Est-il permis de remplir des fonctions provinciales ou municipales sous un mauvais gouvernement?

En France, les fonctions provinciales, ou départementales, quand elles ne sont pas administratives, comme les préfectures et les sous-préfectures, se réduisent à celles de conseiller général et de conseiller d'arrondissement. Ces fonctions sont électives; et non seulement il est permis de les remplir, mais il y a une obligation de justice légale de les rechercher et de les accepter, quand elles sont offertes, pour empêcher un plus grand mal. C'est le cas du député dans la sphère politique.

Les fonctions municipales sont, de leur nature, sinon indépendantes, au moins plus éloignées des influences du pouvoir central. Cette autonomie relative les rend accessibles aux catholiques, qui peuvent en sûreté de conscience gérer les intérêts de leurs administrés, et faire contrepoids aux funestes entreprises de l'Etat.

N'y a-t-il pas telle hypothèse où cette doctrine cesserait d'être pratique?

Dans un pays de centralisation à outrance, quand la commune a perdu l'un après l'autre tous ses droits, qu'elle est soumise à une tutelle qui l'anéantit en l'avilissant; quand le maire n'est plus que l'agent de l'Etat, révocable *ad nutum,* la distinction établie plus haut entre les fonctions publiques n'est plus une base solide d appréciation. L'interdit qui pèse sur un certain nombre de fonctions politiques doit s'étendre aux fonctions municipales, qui n'ont plus ce caractère. On dispute sur la question de savoir si un maire peut prononcer le divorce, et remarier civilement des divorcés : l'opinion la plus probable est qu'il ne peut pas. Les décisions *discrètes* de la cour romaine, les conditions qu'elle met à sa tolérance dans le premier cas, tendent à confirmer cette opinion. Ce n'est qu'un exemple.

Un maire peut-il exécuter un décret de laïcisation des écoles de sa commune?

La distinction établie au chapitre II de la section II, entre les écoles positivement impies et les écoles négativement impies, dites écoles neutres, revient ici. Dans le premier cas, le maire doit refuser d exécuter le décret : c'est de toute évidence. Dans le second cas, les théologiens tiendront compte des circonstances : comme les écoles seront laïcisées quand même, si le maire en se retirant des affaires livre les intérêts de la commune à un incapable ou à un sectaire; si d'ailleurs il est disposé à user de ses influences pour atténuer dans la pratique le mauvais effet du décret; si, comme simple particulier, il favorise l'établissement d'écoles libres chrétiennes, pour ces motifs on lui accordera le bénéfice du *tolerari posse :* ce qui ne veut pas dire que son action soit licite, car on ne tolère que le mal : on approuve le bien.

CONCLUSION

—

Les sujets qui ont été étudiés ici n'épuisent pas sans doute les questions de morale qui se posent de nos jours. Du moins ce sont les principales, celles qui provoquent le plus l'attention des théologiens modernes, parce qu'elles sont la cause d'inquiétudes honorables chez quelques-uns, et d'illusions étranges chez un plus grand nombre d'autres.

Les principes que nous avons exposés dans cette étude, en nous appuyant sur les auteurs les plus autorisés et sur les décisions des Congrégations romaines, serviront à résoudre les questions secondaires qui se rattachent aux précédentes. Ils seront ensuite un point de repère pour les esprits sérieux qui ne se renferment pas dans une casuistique mesquine, et qui s'élèvent des faits vulgaires à la considération des causes d'où dépendent les destinées des nations chrétiennes. Ils ne mesureront pas sans effroi l'écart qui existe entre la morale de l'Evangile et les pratiques sociales de notre époque.

Reste à savoir si les âmes peuvent porter le poids du Décalogue. Quand il faut leur verser goutte à goutte le breuvage amer du devoir, on est assis au chevet du malade : ce n'est plus que de la morale d'hôpital. Triste signe.

TABLE

Tarbes. — Imp. Clément Larrieu.

Documents manquants (pages, cahiers..)

NF Z 43-120-13

www.ingramcontent.com/pod-product-compliance
Lightning Source LLC
Chambersburg PA
CBHW072021080426
42733CB00010B/1785

* 9 7 8 2 0 1 2 8 2 4 4 2 3 *